视界

"互联网+"

时代的创新与创业

崔勇◎著

清华大学出版社

北京

内 容 简 介

本书对我国的互联网行业进行了深度剖析,结合大量生动案例探讨"互联网＋"对传统行业的巨大冲击,展望互联网行业格局的发展方向,并讲述清华大学和北京大学校友创业、择业的故事,道出"互联网＋"时代下创新与创业的玄机:站在互联网风口才能赢得未来。

本书面向正在从事或将要投身互联网行业的管理人员和在校大学生,希望了解"互联网＋"的传统行业读者,以及所有对互联网感兴趣的人群。本书亦可作为高校创新创业相关课程的教材(教师可联系作者索取教案)。

本书封面贴有清华大学出版社防伪标签,无标签者不得销售。

版权所有,侵权必究。侵权举报电话:010-62782989　13701121933

图书在版编目(CIP)数据

视界:"互联网＋"时代的创新与创业/崔勇著.—北京:清华大学出版社,2016
ISBN 978-7-302-43782-6

Ⅰ.①视…　Ⅱ.①崔…　Ⅲ.①互联网络—应用—职业选择　Ⅳ.①C913.2-39

中国版本图书馆 CIP 数据核字(2016)第 100108 号

责任编辑:白立军
封面设计:杨玉兰
责任校对:梁　毅
责任印制:沈　露

出版发行:清华大学出版社
　　　　　网　　址:http://www.tup.com.cn, http://www.wqbook.com
　　　　　地　　址:北京清华大学学研大厦 A 座　　**邮　　编:**100084
　　　　　社 总 机:010-62770175　　　　　　　　**邮　　购:**010-62786544
　　　　　投稿与读者服务:010-62776969, c-service@tup.tsinghua.edu.cn
　　　　　质量反馈:010-62772015, zhiliang@tup.tsinghua.edu.cn
　　　　　课件下载:http://www.tup.com.cn,010-62795954
印 刷 者:清华大学印刷厂
装 订 者:北京市密云县京文制本装订厂
经　　销:全国新华书店
开　　本:170mm×230mm　　**印　　张:**15.5　　**字　　数:**212 千字
版　　次:2016 年 7 月第 1 版　　　　　　　**印　　次:**2016 年 7 月第 1 次印刷
印　　数:1~5000
定　　价:49.00 元

产品编号:068541-01

本书以互联网创新为脉络,精选了"互联网＋工业"及"互联网＋服务业"融合创新的案例,以独到的见解分析了具有风向标作用的国外互联网行业的独角兽们,解读了互联网思维,为互联网创新创业的有志之士提供抉择参考。

邬贺铨(中国工程院院士,中国互联网协会理事长)

在"互联网＋"的大潮中,无论你从事什么领域的工作,对这一时代的主题都应有所了解。本书有助于读者快速理解互联网思维和互联网创新,对企业高管和处在择业与创业中的年轻学子们来说尤有裨益。

海闻(北京大学汇丰商学院院长,原北京大学副校长)

互联网在过去二三十年已给世界带来巨大变化,但这只是开始。它将继续引领这个充满机遇的新时代,正在变革农业、工业、教育、金融等众多领域。大企业因何衰落?创新和未来究竟在哪里?本书带着你探讨这些问题,值得每一个莘莘学子细细品味。

邱达民(香港中文大学讯息工程学系原系主任,教授)

从昔日的巨头,到如今的行业领跑者,再到初露头角的创新企业,整本书可以说是波澜起伏。本书既描述了行业兴盛的一面,也展示了泡沫破灭的惨状,探讨了技术创新、商业模式创新以及企业战略的变革,见解犀利而富含哲理。无论是对即将走出校门的大学生,还是对创业、择业迷茫困惑的年轻人,或是传统行业的企业高管,以及对互联网感兴趣的人,这本书都能让他们受益匪浅。

羊东(知名投资人,软银赛富投资基金合伙人)

这本书的一个特点就是易读却不失专业性。如果互联网行业书籍写成教科书的话,读起来肯定会非常枯燥,但如果不能保证专业性的话就无法让读者对于行业的真实情况有所了解。作者以诙谐的文笔娓娓道来,以交流的口吻将典型的公司和案例分析一一道来,不断引发读者思考。我觉得无论什么人,只要你对互联网感兴趣,这本书都会是一个很好的选择。

沈思(北京木瓜移动科技有限公司创始人,CEO)

互联网和信息技术的发展让世界变得越来越小,联系也愈加紧密。从传统互联网到移动互联网,再到正处于摸索期的智能机器人和 VR 互联,乃至日益成熟的"互联网+",每一次新技术的重大突破都引领了互联网时代的深刻变革。你需要阅读本书——它将告诉你如何在互联网中拥抱变化,做出正确的抉择。

王涛(爱奇艺首席科学家)

互联网进入中国已 20 多年，我国网民总数已经超过了人口总数的一半。互联网行业蓬勃发展，而随着"互联网＋"的提出，互联网已渗透并冲击着很多传统行业。新的机遇与挑战随之而来，有些企业在互联网的浪潮中焕发了新的生机，而有些则被互联网的浪潮所颠覆了。

如今介绍互联网创新的书籍已经有很多了，有阐述行业发展的，有讨论创业秘诀的，林林总总，不胜枚举。一本互联网行业相关的书，如果没有自己独到的见解、精准的角度，很难获得成功。当我最早听说崔勇教授要写一本互联网行业相关书籍时，我并不意外。作为崔勇的博士生导师，我对他非常了解。他保送进入清华大学计算机系读完本科后，跟随我直读博士，毕业后留校继续工作。作为清华大学计算机系最年轻的教授和博导之一，崔勇在下一代互联网和移动互联网领域有着丰硕的科研成果，同时对于整个行业的发展也有着敏锐的洞察,他长期担任着国际互联网标准工作组主席,并与国际互联网之父 Vint Cerf 等共同服务于互联网领域著名国际期刊《互联网计算》(*Internet Computing*)。崔勇在十几年的工作经历中,对于互联网行业的发展趋势有着独特的见解,经常受邀在各种大会上演讲,所以我觉得由他来写这么一本书,再合适不过了。

如何做出最好的抉择,这一直是毕业生们需要面对的问题。我们的毕业生在走出校门时,往往无法辨别哪条路更适合自己,什么行业和企业有更好的前景。结果人到中年同学聚会时,发现自己多年来的辛勤耕耘不如别人所谓的"运气好"。然而,这其中的"运气",往往来源于当年正确的抉择。

作为清华大学计算机系主任,我认为导师不仅要指导学生的学习与科研,更要帮助他们看清未来的道路,让他们有更好的抉择和长远发展。本书通过一个个具体的事例以及它们背后的故事让读者了解时代变迁的规律,"互联网＋"在各个行业的渗透和发展,帮助读者分析理解国内外主流企业在互联网冲击下成功、失败的原因,从而做出更加明智的选择。

时代总在发展,变化无处不在,互联网对传统行业带来了前所未有的影响和冲击。无论是工业还是服务业,产业格局都将被重新定义,行业格局面临洗牌。如何才能看清行业变迁的本质,从发展的角度看待事物?我相信,通过阅读这本书读者们会得到更好的答案。这本书讲述了那些著名的企业是如何在激烈的竞争中脱颖而出的,并深入浅出地分析了它们背后蕴含的互联网思维。书中不仅介绍了那些欣欣向荣的公司,总结它们的成功经验,同时也分析了那些在信息浪潮中被淘汰的企业,总结它们的教训。无论是创业、择业、投资,或是企业管理者,这本书都有助于更好地把握住互联网创新时代下的机遇与挑战。

互联网的发展日新月异,而且必然会给整个社会带来更大的影响,无论是谁都无法躲过互联网的浪潮。李克强总理在 2014 年发出"大众创业、万众创新"的号召,也是希望激发大家的创新精神,实现更高的人生价值。

这本书就如同它的名字一样,拓宽读者的视野,站在更高的角度看待行业的发展,更加敏锐地洞察这个快速发展的时代,可以说是互联网时代的必备读物。

教授

中国工程院院士

清华大学计算机系主任

2016 年 6 月 9 日

互联网创新在成就新霸主的同时,也颠覆了众多的传统公司乃至行业。变化一直都是时代的主旋律,我们需要把握住时代的规律,无论是投资、创业还是择业,顺应时代变化才能不被淘汰。你的命运取决于你的视界,更加宽广的视界意味着你能做出正确的抉择。互联网不仅正在加速 IT 行业的洗牌,随着"互联网+"时代的到来,很多传统行业和企业正在或即将被互联网所颠覆。不夸张地说,这个时代或已是"三年河东,三年河西"。

曾经随着国企改革,大量工人丢了工作;当年国考人数激增,堪称"千军万马过独木桥",而如今优秀公务员抛弃金饭碗,已不再是什么新闻。回想这十多年来,很多我指导过的优秀学生们,选择了当时最热门的公司。十年耕耘,他们或许已成长为各个公司的中坚力量,然而随着行业环境和公司的衰退,左右他们命运的不仅仅是个人能力,而时代的变革也使得不少昔日优秀的学生们现在被迫面临再次择业。昔日的同学再相聚时,常常会感慨努力不如运气,可是却忽视了运气往往来源于曾经正确的选择。

互联网的发展史就是一部创新史。变革从萌芽、发展再到最终实现,创新一直都是最直接的驱动力。本书始终强调创新的重要性,无论是技术创新,还是商业模式创新,创新能力往往决定企业的命运。诺基亚公司等昔日霸主因为没有跟上时代的步伐,在新的技术浪潮中被逐渐淹没,而 BAT、小米和京东等公司则在国内互联网市场跑马圈地。纵观各个公司成功的关键,都离不开互联网入口的争夺,占据了入口往往就意味占据了用户。

自从"互联网+"被写入政府工作报告,中国制造 2025、互联网金融等概念便铺天盖地进入人们的视野。2016 年 5 月,李克强总理在国务院常务会议上也说道:"'互联网+'是'中国制造 2025'的重要支撑",可见互联网对传统产业的渗透影响已经不可避免,这种渗透影响体现在生产、运输和营销中的各个环节,而拒绝拥抱互联网的传统产业很可能被互联网颠覆。本书精选了一批"互联网+"的案例,通过案例来分析互联网对传统行业的影响。无论是智能家居、智能汽车、个性化工业订制等传统工业的创新,还是"互联网+"与教育、传媒、游戏、旅游出行、金融等新兴服务业的诞生,我们能够深刻地体会到,"互联网+"对于传统行业带来了前所未有的改变,这其中也孕育出了诸多机遇。

鉴于国内互联网行业常常在追随国外市场,本书精心挑选了一些国外公司呈现给大家。这些在大数据、云计算、数字营销、安全隐私和增强现实等领域的公司,在产品、技术、营销等方面的创新,使其多数已经成为"独角兽"或准"独角兽"。对这些公司而言,过亿美元的估值不仅意味着业界和华尔街的认可,更加意味着它们所引领的行业领域具有美好的发展前景,这些公司能否成为行业风向标让我们拭目以待。除了国外的公司,本书还向读者介绍了那些发生在我们身边的创业故事。商海茫茫,谁主沉浮。这些故事中的主角们或是直接创业,或是择业之后创业,但无论择业还是创业,宽阔的视界都会帮助你看清行业局势,在新一波颠覆大潮袭来之前成功抉择。

在互联网创新时代,变化和颠覆一直是行业发展的主旋律,而透过现象看本质一直是作者所追求的,也是作者希望本书能够做到的。多年的从教经历让我深感育人之道不在"授人以鱼",而在"授人以渔"。因此在本书中,作者希望能通过一个个真实的例子,不仅使读者对某一领域的知识得到增进,而且希望能引发读者关于创新重要性和企业成败原因的思考。无论是过去、现在还是未来,这些例子中所包含的共性值得我们深思。本书通过循序渐进的方式,使读者一步步了解作为信息时代优秀人物所面临的、所需要思考的问题。不管是莘莘学子,还是择业者、创业者,或是企业管理人员,倘若这本书能够帮助你深入思考当今时代的趋势和未来的方向,在人生的岔路口上做出明智与理性的抉择,这对于作者而言将是最大的回报。

感谢清华大学计算机系校友会(简称系友会)和互联网研究小组的同学们,他们在本书的出版过程中提供了大量帮助。互联网行业高速发展,瞬息万变。由于本人水平所限,如有疏漏和不当之处,恳请各位读者批评指正(shijie.tsinghua@gmail.com)。本书将在读者的支持下择机再版。如有读者愿意分享更精彩的案例,也欢迎联系我。

崔 勇

2016 年 6 月 3 日

于北京清华园

目　录

第0章 站在互联网的门前

关于为什么要设置第0章，其实有两个原因：一个原因是我在本书初稿中用3章的篇幅分析了互联网行业自诞生以来许多重要公司的发展历程，考虑到很多公司离我们已然太远，因此我进行了大篇幅的删减，只将经典的例子留下来作为第0章，权当本书正文的一个引子；另外一个原因是计算机在运行过程中是从0开始计数的，于是我做了这样一个创新的尝试——用计算机的思维来切入互联网的事儿。如果想在阅读正文之前建立起对整个互联网行业的概念，相信本章会给你答案。

最好与最坏

狄更斯在《双城记》开篇中写道："这是最好的时代，这是最坏的时代"，很多人认为用这句话来形容目前的中国互联网行业最合适不过。我认为这并不是在评价我们所处时代的好坏,而是在阐明一个道理:中国互联网行业所处的时代,是一个机遇与挑战并存的时代。更进一步来说,这是一个机遇要大于挑战的时代。

回看你我如今的生活,计算机和手机的普及给我们带来了种种便利,随时随地浏览新闻、足不出户购买商品、过年发微信红包……当母亲告诉我她通过微信再次与几十年不见的初中同学建立起联系时,她欣喜的笑容让我不得不承认互联网大潮正在经过我们每一个人,而且这股势头似乎愈演愈烈,不可逆转。

我们首先来看看互联网诞生之地——美国的互联网行业发展状况。美国道琼斯工业指数参考30支股票价格,用以反映美国整个工商业股票的价格水平,而这些公司的发展走势在很大程度上也反映了整个美国的工业经济走势。通过观察近20年被列入道琼斯工业成员列表公司的变更情况,会发现互联网行业在美国经济中占的比重越来越大。惠普公司和英特尔公司分别于1997年和1999年加入道琼斯工业指数,微软公司在操作系统领域的成功使得其在1999年也加入其中。2009年思科公司则凭借着其在网络设备市场上的强势表现,跻身道琼斯工业指数参考之列。2015年,苹果公司也依靠其在智能手机市场的杰出表现,成为道琼斯工业指数的参考对象。

除了道琼斯工业指数展示出的趋势之外,我们还可以从世界500强榜单上嗅到互联网行业的发展势头。图0-1展示了世界上部分知名的IT公司市值走势。在过去的8年时间里,苹果公司借着移动互联网浪潮,市值增长了300%,雄踞IT企业排行榜榜首。谷歌(Google Inc.)公司的市值也在不断攀升,成为继苹果公司之后市值突破5000亿大关的科技公司。微软公司和亚马逊公司的市值也分别超过了4000亿美元和2000亿美元大关。

让我们再把目光投向国内。人们将估值超过10亿美元的初创型企业称为"独角兽",这些公司往往蕴含巨大的能量,在各自领域展现出广阔的发展

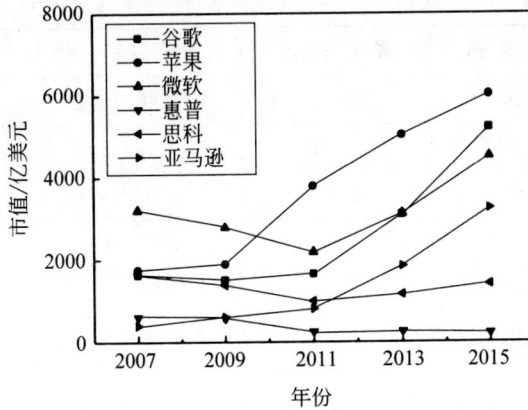

图 0-1 部分 IT 企业市值变化情况

前景。在 2015 年的调查统计中,我国共有 47 家公司进入了"独角兽俱乐部",其中估值超过百亿美元的公司达到 4 家,分别是蚂蚁金服、小米科技、滴滴快的以及陆金所,上述 4 家百亿军团在互联网金融、交通出行和手机制造方面做出不菲的成绩。虽然初创型企业还有很多的不确定性,但是"独角兽俱乐部"成员的不断增加也反映出中国互联网行业的飞速发展。从表 0-1 可以看出,估值前 10 的中国独角兽企业中几乎都是互联网公司,这从侧面也可以看出互联网行业的火爆。

表 0-1 2015 年中国独角兽企业估值榜①

排　名	企业名称	成立时间	所属行业	企业估值/亿美元
1	蚂蚁金服	2014	互联网金融	460
2	小米科技	2010	智能手机	450
3	滴滴快的	2012	用车出行	150
4	陆金所	2011	互联网金融	100

---

① 数据来源于 http://business.sohu.com/20151019/n423565239.shtml。

排　名	企业名称	成立时间	所属行业	企业估值/亿美元
5	众安保险	2013	互联网金融	83.3
6	大疆创新	2006	无人机	80
7	美团网	2010	团购外卖	70
8	魅族	2003	智能手机	60
9	大众点评	2003	团购点评	40.5
10	乐视移动	2014	智能手机	40

但机遇往往伴随着挑战，如果只看到机遇而忽略甚至刻意无视眼前的风险，不做任何前期准备就贸然进入互联网行业，无异于以卵击石。美国的一家种子阶段基金投资机构 Cowboy Ventures 做过统计，2003—2013 年超过 6 万家互联网公司获得过投资，但是成为独角兽的只有 39 家，成功率只有 0.07%。但很多人似乎并没有看到潜在的危险，在某个概念获得市场认可后，就贸然投身这个概念所代表的行业。例如，2011—2013 年国内市场上就涌现出上百家团购网站，这些网站竞争的场景后来被人们称为"百团大战"，让我们来看看这场"百团大战"的始末。

2008 年 11 月 Groupon 网站在美国成立，网站以折扣价格出售本地餐饮、KTV、美容、健身等服务型商品。便宜的价格加上受限的名额，商品一经上线很快就被抢购一空，这个名不见经传的网站迅速流行开来。2010 年网站开始把业务扩展至世界其他地区，用户数量也增加到 5000 万。2011 年，创建不到 2 年的 Groupon 估值飙升至 13.5 亿美元，同年 Groupon 如愿以偿在美国纳斯达克敲响了钟声。

面对成功的前例，"团购"这个概念在国内市场火速升温，国人开始涌入团购行业。2010 年 3 月起，各个团购网站如雨后春笋般在国内涌现，有拉手网、团宝网、F 团、美团网、24 券等，包括阿里巴巴、腾讯、新浪、搜狐等传统互联网巨头也纷纷涉足团购行业。2010 年 6 月成立的糯米网,借助当时人人网社交的影响力,推出的首单——"耀莱成龙国际影城套餐",第一天成交量就达到 15 万份,创下当时团购全球销售纪录。在这样疯狂扩张、营销奇迹的刺激下,中国团购市场加速发展,更多的创业者如潮般涌入团购行业。截至 2011 年 6 月,国内团购网站数量突破 5000 家。图 0-2 显示了 2010 年 3 月到 2013 年 12 月国内团购网站的数量。

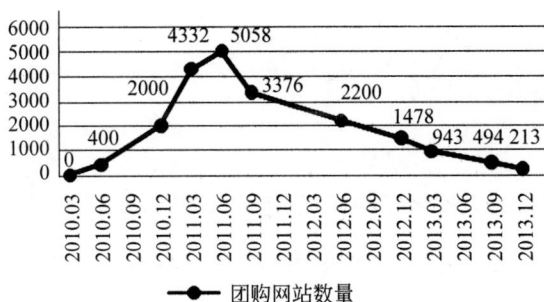

图 0-2　团购网站数量变化图

但是,市场的蛋糕并不是来了就能分到,团购网站在走上神坛之时就已经开始走下坡路。昂贵的推广费用使得没有获得足够投资的网站迅速倒闭,即便是拿到了巨额风投,很多网站也因为无法赢利而倒在了上市的路上。虚报资质、虚标参团人数、商家刷单等一系列恶劣现象频频被媒体曝光,团购网站迎来一波集中的倒闭潮,仅 2011—2012 年倒闭的团购网站数量就超过 3000 家。截至 2013 年 12 月,市场上生存下来的团购网站只有 213 家。

随后,市场洗牌继续进行。2014 年市场上只剩下大众点评、美团和糯米等少数几家网站,而这三家网站也几乎瓜分了国内的团购市场份额。2015 年 10 月,美团和大众点评合并成立了"新美大",显示出了鲸吞整个市场的决心,而百度公司巨资注入糯米,也表明了三分天下的心愿。

团购市场的未来走向我们不得而知,但无论如何我们都不能忘记在这个市场上曾经出现过的疯狂景象。团购市场的竞争如此激烈,并不是因为团购模式在国内没有市场和用户。相反,能够给用户带来实际优惠的团购在国内市场前景广阔。但恰恰是这广阔的前景吸引了大批的人投身团购行业,最终才使得市场迅速饱和,对于被淘汰的人而言,最好的时代转眼就成了最坏的时代。这是最好的时代,这是最坏的时代,变化往往就在一瞬之间。

变化是主旋律

吴军博士在《浪潮之巅》一书中将整个互联网市场比作信息大潮,所有身在大潮中的企业都将面临市场的考验,只有生命力强的企业才能勇立浪潮之巅,对此我深表赞同。更进一步,我认为变化是整个互联网市场的主旋律。"长江后浪推前浪",新事物的发展往往伴随着旧事物的淘汰。在这浪潮更迭中,那些盛极一时的庞然大物往往会受到巨大挑战。"一招鲜吃遍天"在互联网行业已然不再适用,如果一个企业没有看到变化的必然性,那么等待它的往往是被淘汰的结局。

还记得那家从造纸工厂发展而来的诺基亚公司吗?这个曾经 2G 时代的手机行业霸主,这个曾经通过塞班系统占据智能手机四成市场的芬兰公司,在 2013 年却将自己大部分的手机业务卖给了自己曾经的竞争者——微软公司,个中心酸与无奈相信你我都能体会。关于诺基亚公司,我曾亲身体会过它的衰落。2013 年我曾去过芬兰诺基亚总公司的技术中心,这个曾经有过 2000 多名员工的核心部门,当时裁员裁到只剩十分之一。在这种环境下,人们关心的不再是如何做好自己的工作,而是自己明天还能不能来上班、月底还能不能领到薪水养家。当时我还见到了曾经在诺基亚公司技术部呼风唤雨的一位教授,他作为公司 3G 业务的奠基人曾经为诺基亚公司立过汗马功劳,但也要无奈地接受被裁员的结局。限于年龄偏大,无奈之下他只能接受一般大学提供的为期 3 年的任教合同,现在他仍在为合同到期后能否续签而发愁。而这,就是市场的变化给普通人们带来的影响。这也说明,不仅仅决策层需要看到行业变化的必然性,每一位创业者和择业者都应当能够提前看到行业变化,提前准备。

曾经独占国内快递市场的中国邮政特快专递(Express Mail Service, EMS),如今也在承受着行业变化带来的冲击。早在 1980 年就成立的 EMS,凭借着根正苗红的出身和得天独厚的政策,一度根本无法在市场上看到竞争对手的影子。但是随着淘宝帮助我们打开电商这道大门,人们对快递的需求急速上涨,而这个古代称为"走镖"的行业得到了迅速发展。随着"三通一达"(申通、圆通、中通、韵达)、顺丰等快递公司的出现,EMS 的市场占有率急剧下滑。当然,EMS 今天的市场地位与其口碑和服务有着直接的关系,但是从曾经的行业霸主到现在的陪跑者,这种变化带来的落差我相信也只有 EMS 的员工才能够体会。

日子不太好过的还有传统的电视行业。电视行业与纸质媒体可谓是一对难兄难弟,它们遇到了类似的困境,造成这种困境的重要原因也都是互联网迅速发展的冲击。各种视频资源在网络上都可以找到,而且与电视节目固定时间播放固定节目不同的是,网络资源可以随时观看,在灵活性上完全超过电视节目。在这样的浪潮冲击下,电视台纷纷开始寻求转型来摆脱窘境,推出移动应用布局网络收视人群、采用制播分离(将节目制作的任务交给专业团队,电视台仅仅作为播出平台)的模式提高节目的质量。曾经为大家打发空闲时间做出过巨大贡献的电视台,在互联网和数字化的冲击下又将何去何从?

柯达公司因为将摄影技术推向千家万户而闻名全球,但这个 131 岁的影像业巨人,在占据全球胶片市场百年之后,却在 2012 年黯然申请破产。柯达公司曾经是行业技术发展的领导者,黑白胶片、彩色胶片、数码摄影技术,这些都是柯达公司为人类做出的杰出贡献。只要人们还需要拍照,柯达公司这个黄色巨人就永远不会倒下,这不仅仅是柯达公司高管的想法,可能也是整个行业的想法。但谁能想到,这个曾经以创新能力著称的公司,最终却因为没有看清数码化的趋势而被市场淘汰。

《新闻周刊》作为在美国发行超过 80 年的老牌杂志,是与《时代》、《美国新闻和世界报道》并称美国三大周刊的著名刊物。但是伴随着互联网时代的到来,人们通过网络获得新闻资讯变得简便快捷,当一本以新闻报道为主要内容的杂志摆在人们面前时,上面的新闻往往早已是人尽皆知。面对冲击,《新闻周刊》不得不在 2012 年宣布停止发行印刷版,全面转向数字版本。虽然 2014 年杂志又恢复了印刷版发售,但也是将印刷版和网络版捆绑销售。《新闻周刊》的遭遇仅仅是传统媒体受到互联网冲击的一个缩影,正如其总编蒂娜·布朗所说:"有时候,改变虽不尽如人意,但却势在必行。"转型是传统媒体活下来的唯一途径。

在市场的变革大潮中倒下的还有许多其他公司,例如,成立于 1931 年的百代公司,在发展繁盛期时曾经签约披头士乐队(the Beatles),但在数字化音乐影响下却以被收购为告终。还有曾经牢牢占据手机市场头把交椅却因无法跟上对手步伐而神话不再的摩托罗拉公司,曾经背靠中国移动公司好乘凉但用户体验不佳而被市场直接淘汰的飞信,以及一度占领国内杀毒软件四成以上市场却被对手的免费策略击败的瑞星杀毒软件。

回顾这些曾经的行业霸主,现如今它们的发展情况令人惋惜。诚然,一个公司要想一直名列排头需要很多优秀的品质,例如,正确的发展方向、团结一致的团队、坚定高效的执行力,但是所有的这些都必须建立在承认变化的基础上。变化作为互联网时代的主旋律,只有接受变化、拥抱变化,才能时刻铭记创新并付诸实践,才能永葆竞争力。

创新与选择

即使已经了解互联网行业大势和变化的必然性，但无法做出正确的选择依然是纸上谈兵。当你跨入行业，你会发现无论你是选择择业还是创业，都会遇到种种问题，并且需要根据实际情况做出创新时代下的选择。

这里先分享一个关于选择的例子。2016 年 3 月作者去天津大学作报告，下了火车时间有点儿紧就直接上了一辆出租车。司机是一位 50 岁出头的大哥，一路都在跟作者抱怨现在开出租车的不易。他说出租车牌照是他前年在儿子的强烈建议下买的，当时的价格是 60 万元，相当于给儿子找了个稳定的工作。但是随着各种打车软件的兴起，现在开出租车的收入大不如从前，并且这个牌照的价格已经降到了 30 万元。辛辛苦苦工作了一年多，结果连跌的牌照钱都没挣回来。

听了这位大哥的话，作者不禁感叹，但凡这位大哥和他的儿子稍稍考虑到互联网的发展对于现有行业的冲击，就一定不会有这样的结果。前年（也就是司机大哥买牌照的那一年）是 2014 年，也是滴滴、快的竞争最激烈的一年，两家公司正上演着一场请全民打车的疯狂补贴活动（这场活动的始末作者会在正文中详细介绍），如果司机大哥和他儿子能够注意到当时的市场局势，进而判断出未来五年出租车市场的走势，相信他们会做出不一样的选择。

提及这个事并不是引发关于出租车行业未来走向的讨论，我想说的是现如今互联网行业已经对我们每个人的生活产生了影响，站在大潮之中如何做出选择真的至关重要。

我有一点体会，当你年过中旬参加同学聚会时会发现，决定一个人一生高度的不仅仅只有努力，个人的运气也十分重要。运气是在一个合适的时机跨入某个行业领域，而这运气其实都来自正确的选择。当然，这里并不是否认努力的重要性，不劳而获不仅不值得提倡，而且永远不会发生。怕的其实是无论你多么努力，由于行业整体环境的衰败，你始终无法来到更高的层面。

第二个事例是关于我的一位优秀学生。他毕业之后凭借着优异的成绩去了某电信运营商，十年打拼下来成为公司重要部门的中层领导。看到互联网行业行情较好，他毅然辞职到互联网公司去求职。可当面试官让他作自我介绍时，他猛然发现自己这几年学到的无论是专业知识还是管理技巧与整个互联网行业的需求格格不入，最终的求职结果也不尽如人意。虽然中国移动在当年的确是一个不错的选择，可是目前传统运营商的行情每况愈下，如果他能提前看到运营商这些年来的衰败，也许他辞职的决定会做得再早一些，甚至当年拒绝某电信运营商也未曾可知。

关于如何做出创新时代下的选择，其实从身边的例子也能找到答案。本书精心挑选了清华大学和北京大学毕业生创新、创业的故事，从这些故事中可以看到，他们能够取得一定的成绩与在正确的时间做出正确的决定是密不可分的。他们或是毕业后就利用技术优势进行创业，或是在本职工作上积极主动地创造更大的价值。但无论创业还是择业，都要保持对行业局势的观察和判断，保持创新的头脑主动去发现和解决问题，利用自己的优势做出最好的选择。

这是最好的时代，也是最坏的时代，这是一个充满变化的时代，这是一个创新的时代。我们无法改变所处的这个时代，这时正确的选择就愈发重要了。在通往成功的道路上，我们肯定会面临种种选择：创业还是择业、薪金还是前景、去大公司还是小公司……这些问题的答案，其实就在本书的正文内容中，只待你去寻找。

第 1 章　入口争夺战

近几年,"入口"一词愈加火热。入口是什么? 在互联网行业中,入口具有平台性,其作为平台承载着上层众多的服务和信息,用户通过该入口能够获取更多的服务与信息。回顾互联网行业的历程,微软公司凭借操作系统捆绑策略击败网景浏览器(Netscape),使 IE 浏览器顺利占领了浏览器入口,从而进一步稳固了微软公司在当时的霸主地位。"得入口者便得天下"似乎成为行业的共识。"黄发垂髫,并怡然自乐"的世外桃源由于人们找不到入口便再无人能见,如果将桃花源比作计算机和互联网出现后人们所能使用的各种便捷服务,一旦掌控了入口,就意味着拥有大量的用户,在此基础上通过不断扩张自身产品线进而掌控更大市场也就顺理成章。而那些入口领域,便成为兵家必争之地。

1.1　社交——连接你我他

社交网络已经成为人们互联网生活中不可或缺的一个环节,微信、微博、QQ 空间等应用已经融入了我们的生活。虽然如今市场关于社交领域的细分已经基本完成,每个细分领域的竞争商家都有很多,但是依然还有人义无反顾地投身社交网络,在同质化严重的行业中试图占领制高点。人类的社交本能需求加之互联网所能提供的便利,使得社交网络拥有海量的潜在用户。社交网络连接着你我他的同时,也成为人们择业和创业的热门选择。

1.1.1　这是一个小世界

说起人们为什么需要社交,很多人有不同的看法。我比较认同马斯洛需求层次理论对于人们社交需求的解释,这个理论认为人类的需求从低到高可以分为 5 个层次,分别是生理需求、安全需求、社交需求、尊重需求和自我实现需求①。该理论认为,人类在基本生理需求和安全需求得到满足后,势必会产生社交需求。而六度分割理论的建立和完善,则为社交网络的兴起打下基础。六度分割理论也称为小世界理论,大意是你最多通过 6 个人就能够认识任何一个陌生人。按照这个理论每个人的社交圈都可以不断向外扩张并形成一个超大规模的网络,世界上的每个人都在这个网络中。社交网络领域还有许多其他理论,如顿巴数、贝肯数和强弱关系理论等,它们作为基础理论从不同角度揭示了社交网络的特点。

1971 年人类的第一封电子邮件诞生,被认为是人类第一次利用互联网进行社交活动。随着万维网技术的发明与成熟,具有强烈社交属性的 BBS、聊天室、IM(即时通信)和博客相继出现,人们发现互联网不但是获取信息的途径,而且非常适合进行社交活动,因为在互联网中可以寻找已经失去联系的同学或朋友,能够与从未谋面的陌生人交友,能够通过兴趣划分找到与自己志趣相投的人,人们对于互联网社交的需求被彻底点燃了。1998 年美国

---

① （美）马斯洛,许金声.动机与人格[M].北京:中国人民大学出版社,2013.

有一部电影叫《电子情缘》(*You've Got Mail*)，汤姆·汉克斯(Tom Hanks)和梅格·瑞恩(Meg Ryan)上演了一出通过网络相识相爱的动人故事，看来在当时的美国网恋已经成为一个热门话题，而网恋的兴起就是建立在社交网络的基础上。2002 年，一家叫 Friendster 的网站上线，这家网站创立了目前社交网络的基本特征，被业内公认为是社交网络的鼻祖。一年以后 MySpace 推出，在不到一个月的时间注册量突破了一百万人。2004 年，Facebook 成立并成长为全球最大的社交网络，目前这家公司的月活跃用户数量接近 15 亿人。之后，QQ 空间、校内网(后改名为人人网)、豆瓣、Twitter、新浪微博、微信等国内外一大批主打社交服务的应用陆续推出，互联网社交真正进入一个蓬勃发展的阶段，而表面看上去是视频网站的 YouTube 因为允许用户自行发布视频，也被业内普遍认为是披着视频网站外衣的社交网络。

　　社交网络的出现和兴起，给人们以往的社交方式带来极大冲击，它为人们提供一种能够与任何人产生联系的方式，不断充实着我们的碎片化时间，也不断加深着人们的认知——这真的是一个小世界。

1.1.2　社交大战那些事儿

　　人类的本能需求加上互联网的便利性，使得社交网络成为众多厂商争夺的目标。其实社交这个概念非常大，所涵盖类型也非常多，市场也已经完成了较为深入的领域细分，大致可以分为娱乐、商务和婚恋，每一个分类中都包含许多同类产品。下面，让我们来看看在社交领域都发生过哪些著名的竞争。

　　2013 年 2 月，一条关于"微信收费"的消息在互联网上传播开来。消息表示三大运营商(中国移动、中国电信和中国联通)均希望参照短信的模式对微信按条收取费用。信息一出，立刻引发人们激烈的讨论。运营商对微信的态度说明一个问题，那就是微信动了运营商的奶酪。

微信自发布以来，就一直将即时通信作为其主要功能。用户不仅能够发送文本信息，还能发送照片和语音，这大大提升了用户体验。而且，由于微信信息都是通过流量发送，不会产生除流量外的其他费用。因此，微信自 2011 年推出后就大受欢迎，短时间之内用户数量就突破了百万。一种新兴事物的出现，往往伴随着旧事物的淘汰。而被微信淘汰的，恰恰是运营商们牢牢把持的短信。在微信出现之前，人们通过手机短信进行文字交流，按条收费的短信给运营商们带来丰厚的收入。即便运营商们通过包月或短信包的形式为用户提供优惠，短信这一项业务每年带来的营收也在百亿元。

而如今，微信抢占了原本运营商独占的业务，使得运营商从服务的提供者变成了单纯的数据传输服务商，被断了财路的运营商希望对微信收费也在意料之中。随着微信的不断发展，其用户量不断攀升，用户用实际行为给这场微信与短信的竞争投了票。看到微信获得巨大成功，行业其他企业也纷纷涉水移动即时通信(IM)市场，目前市场上还有手机 QQ、易信、来往、陌陌、手机 YY 等其他产品。随着用户需求的不断细分，国内移动即时通信市场势必会在激烈的行业竞争中不断发展。

提起微博相信大家都非常熟悉，目前国内的微博类应用主要有新浪微博和腾讯微博。微博的原型是 2006 年于美国上线的 Twitter，每条消息 140 个字符的限制也是由其首创，目前该网站的流量排名世界前十，日访问量在 9 亿以上。Twitter 的成功启发了国内的互联网从业者，国内的各大公司迅速上线了微博类产品，其中最知名的当属新浪微博和腾讯微博。新浪微博于 2009 年上线，一年后用户数量就突破了 1 亿。2014 年新浪微博成为一家独立的公司并在纳斯达克成功上市，目前市值稳定在 40 亿美元左右。

看到新浪微博的成功，腾讯公司也决定进军这个领域。2010 年 5 月腾讯微博上线，腾讯公司希望通过其庞大的用户群迅速击败新浪微博占领市场，一开始的市场表现也确实像腾讯公司预期的那样，上线一年以后注册用户突破 3.1 亿。但是,两家公司产品的同质化程度很深,功能上几乎没有任何区别。短兵相接过程中,新浪进入市场的时间早、作为新闻媒体体量大的优势逐渐显现,加之 2011 年微信的横空出世,腾讯公司渐渐放弃了微博业务。至此国内微博市场出现了新浪微博一家独大的场面。

当然,在其他社交细分领域也存在着激烈的竞争,例如,百合网和世纪佳缘网在婚恋社交领域的竞争,楚现网、天极网和 LinkedIn 在商务社交领域的竞争,每个商家都使尽浑身解数试图占领社交这块阵地。但是,在社交领域还没有出现微软公司之于操作系统这种绝对占领了社交入口的产品,主要还是因为社交覆盖的范围太广,人们在不同领域都存在着强烈的社交需求。虽然很多社交领域看上去受众面非常窄,但在长尾效应②作用下市场上依然有着对应的社交产品,而且真正的用户量也非常可观。

1.1.3　鸿鹄之志

陈胜、吴广在两千年前发出了"燕雀安知鸿鹄之志哉"的感叹,后世也常用"鸿鹄之志"来形容远大的志向。在入口争夺过程中,如果认为商家争夺的目的是为了在该领域称霸,那么便没有理解商家的"鸿鹄之志"。商家争夺入口更重要的目的是通过入口应用积累用户,进而拓宽自己的产品链。一旦了解这个道理,很多关于"为什么这个产品这么重要却免费向用户提供呢"的问题也就迎刃而解。

微信自 2011 年推出以来,已经通过社交关系链构建了一个海量的用户群体。在占领了社交入口之后,微信又相继推出其他功能,不断挖掘自身入

---

②　长尾效应是一种商业和经济模型,指那些数量巨大、种类繁多的产品或服务,其中很大一部分得不到足够重视,但是零零散散的这些冷门产品或服务,总收益却超越了主流商品。

口效应。2012年8月微信推出了微信公众平台,向企业用户和个人用户提供服务号、订阅号和企业号3种类别的服务,使得企业或个人用户充分利用微信强大的社交属性和海量的用户,将微信打造成为圈定培养用户、提供各类网上服务和公开消息发布的强大平台,使得微信成为企业和媒体人关于推广和营销的首选。其次,微信的流量入口作用愈发突出。微信内置的《天天酷跑》等游戏,通过显示好友排名、发送礼物等方式,将社交元素融入游戏之中,一度刷爆了朋友圈。京东也看到了微信的流量入口效应,与微信开展深度合作,试图借助微信提高自身竞争力。最后,微信推出支付功能,并在此基础上为用户提供转账、生活缴费、话费充值等便捷服务。近年来异常火爆的发红包就是建立在支付功能的基础之上,而支付功能也催生了微商的诞生,利用朋友圈进行商品展示、微信支付完成交易支付,微信为人们提供了电商的另外一种形式。

同时我们还要看到,同样是发布个人状态,上线时间较晚的微信朋友圈大有超越微博的态势。曾几何时,受到140字限制的微博很好地填满了我们每天的碎片化时间。但是,当2012年微信发布朋友圈功能之后,越来越多的人放弃微博转而在微信上发布状态,而这种情况的出现归功于微信的熟人圈子。对于绝大多数的用户而言,在社交网络上发布文字、图片等状态,考虑到自身被关注的需求,如果无法与朋友产生互动,那么整个过程就会显得索然无味。微信的好友关系与现实生活中的好友关系高度契合,用户使用朋友圈更容易与朋友产生互动,熟人圈子的效应使得微信朋友圈后来居上,大有赶超微博之势。

2004年成立的Facebook也已经不再是单纯的社交网络了。Facebook是目前全球最大的社交网络,该网站单日的用户量甚至一度超过10亿[3],曾

---

③ 2015年8月28日,Facebook CEO扎克伯格宣布该周周一的单日用户数突破10亿。

经在国内红极一时的校内网(后改名为人人网)就被很多人认为是中国版的 Facebook。在拥有巨大用户数量的基础上,Facebook 不断强化自身平台效应,通过开放开发接口,允许其他公司在自己平台上开发第三方应用,使得用户无须访问其他网站就能完成诸如机票预订、演唱会门票购买等操作。丰富的功能延长了用户的停留时间,而 Facebook 的海量用户又是第三方应用开发者需要的,这种双赢模式在日后发展潜力巨大,Facebook 平台化发展的决策也令人称赞。始创于 2007 年的社交游戏公司 Zynga,通过与 Facebook 的高度整合,推出的多个游戏均获得大量玩家,公司一度 90％的营收都来自于 Facebook 上的游戏,而 Facebook 每年也从 Zynga 获得上亿美元的收入。2012 年 Facebook 发布新产品 App Store(应用商店),此举更是被人们看作 Facebook 打造社交生态圈的布局,而这一切都建立在其对社交入口占领的基础上。

1.2　兵家必争的支付

自现代文明诞生之日起,人类的经济活动就没有停歇。而在经济活动中,货币支付无疑是一个重要的环节。随着互联网购物和生活 O2O(Online to Offline,线上服务线下延伸)的兴起,每天都有大量的交易在网上进行。支付宝作为第三方支付平台,通过解决网购中支付和诚信的难题而为阿里巴巴公司赢得 C2C(Consumer to Consumer,个人对个人)市场。腾讯公司也看到了支付这个入口的重要性,伴随着移动互联网的发展,移动支付也顺理成章地成为腾讯公司抢占支付入口的发力点。它们之间都发生过哪些竞争?抢占支付入口之后,它们又是如何布局?让我们一起来寻找答案。

1.2.1　你打车，我请客

2012 年 8 月，一家叫杭州快智的公司在杭州推出了一款名为"快的打车"（简称快的）的软件，用户可以通过这款软件实现出租车预约的功能。一个月后，另外一家公司小桔科技在北京推出了同类打车软件"滴滴打车"（简称滴滴）。由于能够提供位置信息、与司机沟通方便等原因，打车软件能够很好地解决打车难的问题。在刚开始的阶段，这两款软件还只是在各自的城市被少量的用户使用。随后，快的打车获得阿里巴巴公司的融资，滴滴打车获得腾讯公司的融资。随着资金的注入，两家公司分别被打上了阿里巴巴公司和腾讯公司的烙印，充足的资金也让滴滴和快的渐渐推广到全国。

腾讯公司一直希望能够在支付领域中撕开一个口子，但一直没有合适的机会。由于有支付宝支持，快的是当时唯一可以通过在线支付手段完成全部金额交易的打车软件。此时的滴滴已经在市场上积累了大批用户，一个能够挑战阿里巴巴公司的机会摆在了腾讯公司的面前。2013 年 9 月，人们发现最新版本的微信提供了微信支付功能，滴滴补上了自己在线支付的漏洞环节。至此，腾讯公司发起移动支付入口争夺战的准备已经全部就绪，只待马化腾的一声号令。

2014 年 1 月，滴滴获得一笔由腾讯公司主导的价值 1 亿美元的融资，战争正式打响。当月 10 日滴滴宣布，所有使用滴滴打车的乘客车费减免 10 元，而司机也能获得 10 元补助。当时北京出租车的起步价是 3 千米内 13 元，如果距离不超过 3 千米用户只需要花 3 元。而获得如此真金百银的实惠，用户要做的只有一件事，那就是使用微信支付。随着补贴消息的迅速传播，用户蜂拥而至，滴滴打车的成交单数不断激增。面对如此局面，阿里巴巴公司果断选择应战。当月 20 日，阿里巴巴公司宣布同样提供乘客返现

10 元、司机返现 10 元的优惠,而用户要想获得这个优惠则必须使用支付宝支付车费。随后,两家公司不断提高补贴额度,战况愈发激烈。从事后市场统计的数字来看,腾讯公司在这场争夺中支出超过 13 亿元,而阿里巴巴公司花了 10 亿元左右。显然,这场成本极高的针锋相对不可能一直持续下去,2014 年 3 月末,两家公司几乎同时将对乘客的补贴降至 3～5 元,这场请全民打车的活动结束了。虽然日后滴滴和快的又进行了几次大规模的补贴,但是无论补贴额度和门槛都远远不及这次,恐怕日后也不会再出现相同规模的打车补贴活动了,原因很简单,腾讯公司的目的已经达到了。

其实滴滴和快的是打车软件,应该划分到本书第 5 章"出行于网络之上"部分,为什么我要在谈到支付入口时向读者介绍滴滴和快的之间的竞争呢?原因就是滴滴和快的这次的竞争,本质上是腾讯公司为了争夺移动支付入口而发起的。有人认为腾讯公司率先发起打车补贴是为了推广滴滴打车。诚然,此役为滴滴赢得了大量的用户,由此腾讯滴滴日后推出的专车、快车和巴士等服务才能顺利上线。但是,我认为这次腾讯滴滴的最终目的,是利用打车这一支付场景培养用户使用微信支付的习惯。用户获得腾讯滴滴补贴唯一要做的就是使用微信支付,其实这里面还有一个隐含的逻辑,那就是要想获得补贴,用户必须使用微信支付。面对真金白银的补贴和实打实的乘车体验,注册微信支付对用户而言自然成了顺手完成的事情。

自 2013 年 9 月腾讯公司推出微信支付以来,腾讯公司一直在努力寻找合适的支付场景。支付场景,其实就是用户能够利用网络支付完成交易的不同交易领域。依托于阿里巴巴公司旗下的淘宝和天猫,支付宝拥有网上购物这个得天独厚的支付场景,2014 年以前,支付宝在全国移动支付市场所占份额超过 75%。通过这次在打车领域高额度的补贴,微信最终获得了一份理想的战绩:滴滴打车用户数量增长近 4 倍突破 1 亿,日均订单量达到 521.83 万,而微信支付的用户量和交易量自然也是水涨船高。

当然,市场上没有永恒的敌人,2015年情人节当天滴滴和快的两家公司宣布合并。我们要看到,虽然两家公司在补贴期间取得了骄人的成绩,但是用户滞留性不高也是两家公司面临的难题,在当今互联网行业的整体背景下,也许合并能够产生一加一大于二的效果。总结这场请全民打车的活动,表面上是两家公司通过疯狂补贴培养各自的打车软件,为日后布局"互联网＋出行"打下坚实基础,但本质上却是腾讯公司为了抢占支付入口而主动向阿里巴巴公司发起的挑战,双方投入的精力和财力令互联网同行感慨、用户称快。最终,阿里巴巴公司在支付领域辛苦建筑的防线被腾讯公司成功地撕开了一个口子。

1.2.2　偷袭"珍珠港"

2014年1月28日,距离农历马年新年还有3天,微信推出一个新功能,这个功能与马上要来的农历新年息息相关,在发布之后就引发了人们大规模地使用和讨论,人们纷纷表示这个功能使得自己春节期间总是不断查看微信消息,甚至根本无心看央视的春节联欢晚会。这个看上去如此强大的功能是什么呢?

这个功能就是发微信红包(见图1-1)。国人流行在农历新年拜年发红包,一个小小的红包象征着一份祝福和好彩头,网络红包将移动互联网与国人的习俗完美地结合起来。其实网络红包在农历新年之前就已经存在了,而率先提出这一概念的是阿里巴巴公司。在之前的"双十一"购物活动中,阿里巴巴公司已经使用发红包的形式向用户派发优惠券,而且在进入2014年之后就已经在公司移动支付软件——支付宝钱包中添加了发红包和讨红包的功能。又是在极短的时间内,阿里巴巴和腾讯两家公司将目光聚焦于同一个移动支付场景,一场新的移动支付入口争夺战随着除夕的到来爆发了。

图 1-1 微信红包

　　我们来看两家公司在春节之后公布的一组数据。腾讯公司从除夕到初八,有超过 800 万用户收发过红包,被领取红包数超过 4000 万,而在除夕夜,每分钟被领取的红包数超过 2.5 万。阿里巴巴公司在春节长假期间,支付宝钱包用户共发出了 2 亿元的红包,除夕当天,用户收发的红包总金额为 5500 万元。如果单纯对比这些数据,仿佛腾讯公司和阿里巴巴公司在这场移动支付入口争夺中互有胜负,双发看上去打了个平手。但是,这里需要提醒读者的是此时的微信支付功能上线时间还不足半年,半年之内腾讯公司就已经有了挑战行业霸主阿里巴巴公司的资格和实力。连阿里巴巴公司的集团董事局主席马云也表示:"腾讯公司这次在红包大战中的表现是一次珍珠港偷袭,确实让我们教训深刻。"

　　腾讯不是第一个提出红包的公司,而且面临的对手是移动支付行业霸主阿里巴巴公司,腾讯公司为什么能够成功进行"珍珠港偷袭"呢?我认为,有两个原因。第一个原因是微信庞大的用户数量。当时微信的用户量已经突破 6 亿,用户量保证了微信红包在刚推出时的用户群体,也为随后微信红包能够在全国流行打下基础。第二个原因是微信极强的社交属性。与支付宝钱包相比,微信除了能发一对一红包,还支持一对多模式,能够充分发挥微信群的优势进行抢红包,由于抢红包最后得到的数额大小随机,用户在点开之后才知道自己抢了多少钱,这种紧张感带来的无疑是趣味性和娱乐性,用户对微信红包的认同感随之不断加深。微信通过这场红包大战,再一次培养了用户使用微信支付的习惯,增加了微信支付的用户量。

虽然成功偷袭"珍珠港",腾讯公司和阿里巴巴公司之间围绕移动支付入口的争夺还远远没有结束。在随后的日子里,两家公司又发起"手机淘宝3·8生活节"、"周二支付日"等推广活动,双方你来我往,不亦乐乎。随后的2015年和2016年春节,阿里巴巴公司和腾讯公司也进行了更大规模的红包大战。其中2016年春节支付宝推出的"集福卡分红包"活动,被人们认为是阿里巴巴公司进行了"诺曼底登陆"。在击败势在必得的腾讯公司拿到2016年春晚独家互动平台冠名后,支付宝向用户许诺只要集齐了五福卡,就能平分2.15亿现金。在用户集福的过程中,支付宝以与微信类似的聊天页面为基础,充分布局社交领域,仅春节期间就获得了近11亿条关系链。目前要预测谁将是这场竞争中的最终赢家还为时尚早,但是双发在不断竞争过程中对于服务质量、用户体验上的提升却能被我们所感受,也许消费者才是这场争夺最后的受益者。

1.2.3　醉翁之意

1.2.1节和1.2.2节为读者们介绍了阿里巴巴公司和腾讯公司在移动支付领域之间发生的争夺,了解双方争夺的过程固然重要,但是我们更要看到两家公司争夺移动支付入口的真正意图。醉翁之意不在酒,两家公司愿意为移动支付争夺投入大量资源,就是看到了支付的入口效应。目前,两家公司已经开始利用移动支付入口在互联网金融、生活服务和线下支付上进行布局。

近年来,个人理财的概念愈加火热,一句"你不理财,财不理你"的顺口溜甚至成为了很多人的口头禅。传统的个人理财方式通常包括银行存款、股票、基金和保险等,而在 2013 年 6 月,一种名为余额宝的新的理财方式出现了。余额宝是阿里巴巴公司打造的余额增值服务,用户把钱转入余额宝后即可获得收益。由于收益率远远高于银行定期存款,而且采用以天为单位计算赢利的方式,在存取灵活性上领先于银行定期存款,余额宝在推出后大受欢迎。截至 2015 年 4 月,余额宝规模突破了 7000 亿人民币,其也成为全球第二大货币基金。在余额宝推出半年后,腾讯公司也推出了自己的理财产品——理财通,试图分得个人理财市场一杯羹。

与此同时,两家公司目前也在积极进入征信市场。征信是指依法收集、整理、保存、加工自然人、法人及其他组织的信用信息,并对外提供信用报告、信用评估、信用信息咨询等服务,帮助客户判断、控制信用风险,进行信用管理的活动。[4] 征信业务按照服务对象可以分为个人征信和企业征信,随着信息化在金融领域的不断发展普及,未来生活中"信用"势必会越来越重要,信用高低不仅会影响人们在金融领域的活动,而且会融入到点滴的生活中。其实两家公司进入征信市场可谓顺理成章,因为无论是针对个人还是企业的信用评价,都必须建立在拥有大量交易行为数据的基础上,而两家公司通过其移动支付平台已经积累了大量的真实数据。

目前,两家公司都推出了各自的信用评价应用,每个用户都能得到一个信用分数,不同信用等级的用户能够获得不同的额外服务。例如,阿里巴巴公司推出的芝麻信用,该系统基于阿里巴巴公司旗下的电商交易数据和蚂蚁金服的数据,通过对用户数据进行处理分析,为用户进行信用评分。阿里巴巴公司推出包括网上办理签证、个贷、酒店、出行、婚恋等多种服务,这些服务

---

④ 中国征信业发展报告(2003—2013),中国人民银行。

的具体内容与用户信用分数挂钩,信用越好能够享用的服务就越多。腾讯公司也推出信用评价服务——腾讯征信,以及与征信配套的各类服务,进军征信市场。

股神巴菲特在投资的时候有一条原则,那就是不听信华尔街虚幻的概念炒作,而是投资与人们日常生活息息相关的行业。人们的生活离不开衣食住行,这些行业的用户广阔需求一直存在。阿里巴巴公司和腾讯公司也看到了这一点,将支付平台作为O2O布局的重要环节,利用自己在支付平台上的优势,不断在O2O市场中跑马圈地。目前,阿里巴巴和腾讯两家公司在生活服务O2O领域的布局已经基本成型,它们通过将出行、餐饮团购、旅游等服务与支付平台捆绑,利用支付平台的入口效应,提升自己在相关领域中的市场份额。同时,阿里巴巴公司和腾讯公司还充分利用支付平台带来的巨大用户量和用户使用黏性,在支付平台中为用户提供生活便捷服务。目前,两家公司的支付平台均提供了手机充值、水电缴费、电影票购买等功能,试图打造以支付平台为基础、多种生活便捷服务百花齐放的局面。

在介绍阿里巴巴和腾讯两家公司布局线下支付领域之前,首先为大家描述一幅场景:一个阳光明媚的周六下午,你和朋友一起在商场中完成了一次血拼,收银台前排起的长队并没有丝毫影响你的心情,你拿出手机扫描商场的收款二维码,直接完成了支付。相信读者有过在收银台前排长队的体验,而场景中的支付方式,正是基于阿里巴巴公司推出的支付宝收款功能。目前,腾讯公司也推出拥有相同功能的"收钱"。而这样的举动已经暴露了两家公司试图颠覆常规线下支付方式的野心。

常规的线下支付方式包括现金和POS机刷卡两种支付方式。但是两者都有缺点,现金支付存在着过程烦琐和需要找零的问题,而POS机刷卡则因为需要输入密码和完成签字也存在着过程烦琐的缺点。面对如此局面,两家公司分别推出了收款功能,用户只要扫描对方的二维码就能够完成付款,而这个对方,显然就是商家。这种付款方式节省时间,而且避免了找零,为商家和顾客都提供了方便。

伴随着收款功能的推出,两家公司也开始大规模的线下支付终端的推广活动,2014 年"双十二"当天,阿里巴巴公司携 30 万商家发起了线下支付推广活动,阿里巴巴公司表示使用支付宝付款,即可享受 5 折优惠(其中超市 50 元封顶,便利店 25 元封顶)。腾讯公司也宣布,自 2014 年 12 月 1 日起联合近 10 万商家推出微信支付优惠活动,而且还表示用户使用微信支付买单后即有机会获得"双十二定制游戏礼包",这也是微信支付与微信游戏的首次合作。现在,越来越多的商家收银台摆上了印有"支付宝"和"微信支付"字样的支付终端,越来越多的用户养成了使用支付宝或微信支付的习惯,原本控制着 POS 机刷卡的银联正在受到支付宝和微信支付的冲击。

在现有收款功能的基础上,两家公司也在大力研制新的智能支付手段。阿里巴巴公司推出 AliBeacon 计划,希望利用蓝牙技术实现无须扫码的支付功能。原来通过 POS 机控制着线下支付的银联,也在 2015 年年底联合 20 余家银行发布了"云闪付",试图通过 NFC(Near Field Communication,近距离无线通信)技术重新夺回线下支付的控制权。同时,银联又与苹果公司达成一致,引进苹果公司基于 NFC 技术的 ApplePay 功能。2016 年 2 月 18 日,苹果公司正式宣布 ApplePay 登陆中国大陆,用户只需要将手机靠近支持 NFC 功能的刷卡机,无须点开任何应用就能完成支付过程,线下支付领域势必又会掀起一场新的竞争。但是无论谁在这场竞争中胜出,都会将更好、更方便的支付手段带到我们身边。

1.3 搜索引擎——海量信息之门

随着互联网技术的发展,人类社会进入一个信息爆炸的时代。当一个人坐在计算机前准备上网获取信息时,他需要做的一般分为 3 个步骤:打开计算机,打开浏览器,最后找到目标网站开始上网。不难发现,第一步对应操作系统,第二步对应浏览器。与前两步对应着确切入口不同的是,第三步中谁是入口似乎并不是非常明显。不知读者有没有想过这样一个问题:当你想访问一个网站而不知道网站的地址时,该如何找到这个网站?不同的时代有不同的答案,我们来看看不同时代海量信息的入口是什么。

1.3.1 万千网页的目录

20 世纪 90 年代以前,由于互联网主要用于军方和科研机构,因此网络上信息较少。随着 3W 技术的推广,互联网上的信息才逐渐丰富。此时这些信息内容不但杂乱,而且缺少有效的组织和查找的方式,人们使用起来非常不便。如果把互联网上的信息比作留在茫茫大漠中的瑰宝,此时的上网用户就像是空手来到大漠的寻宝人,因为缺乏藏宝图而无法快速准确地找到瑰宝。此时用户最需要的是一种能够对互联网信息进行索引的工具!

在互联网行业中,用户的需求永远是产生变革的最强动力,在这一背景下,雅虎(Yahoo!)应运而生。1994 年,斯坦福大学的三名在校生开发了雅虎并向公众免费开放,他们当时肯定没有想到自己的这一举动改变了互联网的格局。雅虎通过为各个网站建立目录索引,方便用户快速准确地找到自己希望访问的网站。它就像是一张藏宝图,为用户在茫茫信息大漠中提供了方向。雅虎一经推出就获得了市场的认可,用户渐渐形成了首先访问雅虎然后再访问其他网页的习惯。1996 年 4 月成立不到两年的雅虎选择上市,上市当天股价从 13 美元飙升至 33 美元,公司的市值达到 5 亿美元。公司成立不到两年的时间就受到华尔街的青睐,这也表明当时外界普遍看好雅虎。为用户提供目录索引的网站后来有了一个新的名字——门户网站,而雅虎则被普遍认为是门户网站的先驱。

其实仅仅门户这个名字,就非常直接地体现了雅虎这类网站的入口效应。当你进入一栋大楼,必须经过公司大门,门户网站就是用户进入互联网世界的大门。门户网站通过为互联网上的网页建立目录索引,使用户能够简单快捷地利用互联网资源,这也体现出入口的重要性质——人们根本无法绕过它。随着门户网站的不断发展,其中所涵盖的内容越来越多,无论你是想了解天气、股票走势、新闻,还是想和陌生网友聊天,门户网站都可以满足你。门户网站的出现彻底改变了人们使用互联网的方式,至此门户网站成为当时互联网服务的最大入口。

随着雅虎开创门户网站并取得成功,各个国家的人们纷纷效仿创办门户网站。国内市场也出现了新浪、搜狐和网易等一批门户网站。而一度获得惊人用户流量的 hao123 等网站,也因向人们提供了网站信息导航而被称作网站的门户网站。但是,门户网站这种将所有信息都罗列出来的模式具有天生的短板,那就是效率问题。门户网站虽然大大方便了用户查找网络资源,但是这种分层索引并不能够使用户直接获得自己想要的资源,这一遗憾也为日后互联网行业的发展埋下伏笔。

1.3.2　关键词搜索龙头

面对藏有不同种类宝藏的茫茫大漠,寻宝人手中有两张藏宝图:一张藏宝图虽然列出所有藏有宝藏的地方,但是不告诉你每个地方藏的是什么;另外一张藏宝图明确标明了每种宝藏具体在哪个地方。我相信每个寻宝人都会选择第二张藏宝图。如果把第一张藏宝图类比于门户网站,那么第二张藏宝图对应着什么呢?

1995 年 3 月,谢尔盖·布林(Sergey Brin)和拉里·佩奇(Larry Page)两人在斯坦福大学相遇了。当时正值互联网大潮,两人觉得应该联手做点什么。由于当时信息检索技术在互联网中拥有极高需求,于是他们决定从信息检索入手。经过两人的努力,检索算法 PageRank 诞生了,随后二人在此基础上开发出一套能够根据用户关键词对互联网进行搜索的搜索引擎,命名为谷歌(Google)。Google 由 Googol 一词演化而来,后者意指一个非常大的数字——10^{100},布林和佩奇选择这个名字也代表着他们希望征服互联网上所有数据的信心和决心。1998 年 9 月谷歌公司正式成立。自此,在人类互联网历史上扮演过也正在扮演重要角色的谷歌公司正式登上历史舞台。

现在有很多分析当时谷歌公司作为搜索引擎成功原因的书和文章,有人认为是当时互联网行业大势所趋,有人认为是谷歌公司高效团结的工作团队,也有人认为是当时谷歌公司的营销策略。我觉得可能上述原因都有一些,但是谷歌当时真正成功的原因还是要取决于公司产品——搜索引擎的品质在市场上的一骑绝尘。其实 Google 并不是历史上的第一个搜索引擎,其诞生时市场上已经有诸如 Inktomi 商业搜索引擎了。但是由于 PageRank 算法很好地解决了搜索查询准确率的问题,Google 的性能要远远强于竞争对手。

有人说互联网行业中一个产品想要获得成功,营销很重要、包装很重要、推广很重要……没错,这些都很重要,但是这些都必须建立在一个基础上,那就是产品性能必须要足够好。对于一个操作系统来说,性能体现在对不同硬件的兼容性和运行的稳定性上;对于浏览器,性能包含页面开启速度、功能插件数量、抵御网络攻击的能力;而对于搜索引擎来说,性能是指搜索结果的快速性、准确性和全面性。

在当前互联网环境中,用户拥有非常强的辨析能力,如果你的产品性能无法满足用户需求,那么用户会果断放弃你的产品,因为市场上永远不会缺少的是竞争对手。分析众多互联网行业成功的案例你会发现,虽然很多公司或多或少采用了丰富的营销手段、巧妙的商业手腕,但是它们的产品品质在当时都要领先于其他竞争对手,产品品质是这些公司取得成功的本质原因。

随着搜索引擎的出现,人们渐渐发现通过搜索引擎能够直接得到自己想得到的信息,而不必像登录门户网站去分层级地寻找,一边是能够按需获取的搜索引擎,一边是查找不便的目录索引,用户们这次用鼠标投出了自己的一票。按需获取,人们赢得了访问互联网时的主动权,从杂乱无章的内容到门户网站,再到搜索引擎。对于本节开始的那个问题(当你想访问一个网站而不知道网站的网址时,该如何找到这个网站?),此时的答案变成了搜索引擎。搜索引擎改变了人们上网的习惯,谷歌或者百度成为人们打开浏览器后访问的第一个网页,搜索引擎也成为人们访问互联网的入口。直到目前为止,我身边的很多人在测试网络状态时第一选择还是打开搜索引擎的网页,这也从侧面说明搜索引擎对于人们上网习惯的改变。

随后的故事正像历史书中写到那样,谷歌公司拿下了雅虎、美国在线等公司的搜索业务合同,一举夺得了全球超过 65% 的搜索量。一家公司尤其是上市公司,找到合适的赢利模式至关重要,而谷歌公司找到自己的赢利模式并没有花很长时间。根据谷歌公司 2015 年第三财季的财报显示,该季度谷歌公司营收 187 亿美元,其中 89%的贡献来自于广告。原来,广告才是谷歌公司的主要赢利点。

自从雅虎公司在互联网广告中大获成功以来,很多互联网公司都将广告作为赢利点。而谷歌公司推出的搜索广告竞价排名系统——AdWords,为谷歌公司带来源源不断的收入。在 AdWords 中,广告客户需要向谷歌公司注册广告关键字,用户只要利用谷歌搜索关键字,客户的企业链接广告就会出现在搜索结果页面。排名结果竞价拍卖的模式由于引入了竞争机制,因而总是能够催生出更高的价格,如此一来谷歌公司的营收必然增加。

同时,谷歌公司采用 CPC(按点击次数收费)的方式,一个广告只有在用户有效点击之后才会收费,相比于根据展示次数收费的模式,这种模式大大缩减了广告投放的成本,受到客户的追捧。其实竞价排名的广告模式已经在不同国家、不同领域得到充分的应用。国内的搜索引擎巨头百度公司,沿袭着谷歌公司的路线将搜索广告作为公司赢利点,目前搜索广告占公司营收的80%以上。甚至连人们日常使用的淘宝也在使用这种竞价排名模式。

AdWords 之后,谷歌公司还推出 AdSense,这是一种新的广告投放方式,网站与谷歌公司签订协议后成为谷歌公司的广告发布商,谷歌公司通过分析网站内容自动生成广告并嵌入到页面中,用户在访问页面时能够同时浏览所投放的广告。这项带来广告客户、用户、网站主和谷歌四赢局面的新业务,推出之后给谷歌公司带来丰厚的营收。同时也要看到,其自动向用户推荐内容的功能,也是在向用户展示着互联网上的海量信息。谷歌作为搜索引擎帮助用户快速找到目标信息,然后利用搜索引擎搜集的用户数据再向用户推荐信息,这是从被动向主动的转换,而谷歌则渐渐成为海量信息的入口。

凭借着对搜索入口的占领,谷歌公司拥有了海量的用户,并凭借广告获得大量的营收。目前的谷歌公司拥有一条丰富的产品链,如视频业务(YouTube)、硬件业务(Nexus)、手机操作系统(Android)、企业服务(Gmail、

Docs)、Google Play、Google Fiber 等,而近年来其推出的谷歌眼镜、无人驾驶和热气球网络计划也让人看到谷歌公司向科技公司的转型。其实对谷歌公司而言,只要"搜索"这台印钞机不停,我们就有理由对谷歌这家"不作恶"⑤的公司抱以期待。

1.3.3　搜索新玩法

伴随着搜索引擎的不断发展,人们通过搜索引擎获取互联网资源的习惯已经养成,很多人心中也已经打下了通过搜索引擎能够解决问题的烙印。但是,互联网行业的发展日新月异,在搜索领域渐渐出现了一个奇特的现象,而诸如谷歌、百度等搜索引擎的地位受到了新的挑战。

让作者先来抛出一个大胆的问题:百度搜索是否会被淘宝搜索击败? 我相信很多人的第一反应都是"这怎么可能"? 但是这一切并不是在痴人说梦。假设我们需要购买一台空气净化器来还自己一个清洁的环境。我相信很多人会打开百度搜索"空气净化器",等待搜索引擎把与空气净化器相关的信息都罗列出来。通过阅读这些信息,我们了解了空气净化器的每一个指标参数,知道了每个品牌净化的优点是什么、缺点又是什么,一番对比之后心中似乎已经有了答案。这时,我们会关闭百度打开淘宝,在淘宝搜索框中输入我们心仪的品牌。

值得注意的是在这个场景中,我们的确用到了百度,但是仅仅限于了解空气净化器的阶段,而当我们转入购买空气净化器阶段时就跟百度没有任何的关系了。这样一来,百度作为搜索引擎赖以为生的广告业务对我们就失去了其推广的作用,因为无论百度推送什么广告我们都不会再看了。

---

⑤　源自于谷歌公司口号——Do not be evil。

那么谁的广告对用户的引导作用更大呢？是淘宝。使用过淘宝的用户应该都有体会，我们对出现在右侧推荐栏、列表前排的商品的点击率总是更高一些，这就是淘宝广告位对用户的引导作用的体现，也是这些广告位对于商家的价值所在。为了增加自己店铺的销量，目前选择在淘宝上做广告的商家势必越来越多。长此以往，在百度上做广告的商家会越来越少。如果有一天没有人愿意在百度上投放广告了，百度公司就会面临破产的窘境，毕竟百度公司超过 80％的收入都是广告业务贡献的。

但淘宝真的就会因为广告收入大增就高枕无忧吗？也不尽然。正如作者在前文提到的，淘宝目前也推出了针对搜索结果的竞价排名，商家的出价高低决定了各自商品排列位置的好坏，一个醒目的位置往往价格不菲。同时，淘宝根据销量、评价等因素进行排名的机制，也催生出了"淘宝刷单"这一恶劣的行业行为。商家为了销量和收入，只能花费大量的金钱来进行营销推广。同时，目前淘宝会变相地向商家收取费用，这样一来，淘宝的门槛越来越高。

越来越高的门槛与淘宝最初建立时的初衷一致吗？答案显然是不。当初淘宝在建立之初的一大特点就是商品的价格便宜。由于为店家省去了房租、仓储、水电等实体店开销，淘宝上的商品价格总是比实体店要实惠很多。但是现在淘宝的门槛越来越高，商家开店时需要交纳保证金、在广告推广中高额的花销，这一切与房租、仓储实体店必须开销已经没有区别。诚然，收取保证金能够带来约束商家行为、打击售假商家的效果，但是它也确实与淘宝最初的想法背道而驰。

结束语

本章介绍了在社交网络、支付平台、搜索引擎这 3 个领域发生的入口争夺战。随着互联网行业的发展，尤其是移动互联网时代的到来，除了传统的操作系统、浏览器之外，市场上还涌现出杀毒软件、应用市场、地图导航等更多的入口乃至垂直入口,围绕这些新的入口也发生了激烈的争夺战。

　　有一种观点作者非常认同:入口比社区有价值,社区比资讯有价值,资讯比工具有价值。入口即为平台,其作为基础承载着上层众多的服务和信息。拥有入口往往意味着拥有海量用户,在此基础上可以不断拓宽自己的产品线,增加用户黏性,阿里巴巴和腾讯两家公司争夺移动支付入口正是这个道理。随着市场不断发展和垂直领域不断细分,互联网行业势必会出现更多的入口领域,下一个入口在哪儿,只待你去发现。

第2章 中国互联网的三驾马车

说到中国互联网,就不得不谈推动中国互联网发展的三驾马车——百度、阿里巴巴和腾讯三家公司,它们被人们简称为 BAT。就目前来看,BAT 三家公司已经占尽中国互联网市场的大半壁江山,它们任何的行动举措都可能引起某个互联网领域翻天覆地的变化,各类创业公司不畏头破血流纷纷想要加入 BAT 阵营。那么这三家公司到底有着什么样的成功秘诀?在当前局势下,我们又该如何正确理性地看待 BAT 的发展,做出合适的选择?下面就让我们揭开 BAT 的神秘面纱,还原它们从初创公司到行业巨头的历程!

2.1 众里寻他千"百度"

2.1.1 初探之路

都说一个企业成立的初期往往是这个企业最脆弱的时期,因为这段时间,会面临包括核心产品开发、推广等在内许许多多的问题,这条初期的探索之路必定荆棘密布。而能够在这条荆棘之路中成功挺过来的企业往往都有它自己的绝招,百度公司也不例外。1994 年年底到 1995 年,世界上才出现第一家搜索引擎公司,就当时的中国来说,搜索引擎还是一个比较新鲜的概念。

时间来到 1999 年,满身干劲的李彦宏带着自己对搜索引擎的理解回到祖国的怀抱,毅然地从中关村起步建立了至今影响中国搜索领域的公司——百度。但是就诞生的时间而言,百度公司当时已经是晚人一步了。当时国内知名的搜索引擎已经有诸如天网、悠游、OpenFind 等。那么当时的百度有什么信心战胜它们呢?而什么又是百度搜索业务能够推向市场的本钱呢?

其实李彦宏对于这些是早有考虑的。就当时来说,上面说的这些搜索引擎虽然都具有基本的搜索功能,但是机器人式的搜索模式是它们致命的弱点。当时中国互联网还只是萌芽阶段,网上的信息量有限,所以使用这些搜索引擎确实能够满足最基本的要求。但是当互联网业务越发增多时,信息量呈现了爆炸式的增长态势。这类搜索引擎渐渐暴露出速度慢、数据量少、反馈无用信息多等诸多缺点。而在看到此类缺点之后,李彦宏成功地利用在美国硅谷学到的搜索引擎知识以及这么多年对搜索引擎的理解,开发出能够改变这些缺点的搜索引擎,并成功地推向了市场,赢得了胜利。

2000 年是互联网泡沫经济下的寒冬,此时才刚刚起步的百度公司眼看就可能被扼杀在摇篮中。在这危难时刻,百度公司能够撑过来与创业带头人的睿智是分不开的。李彦宏心里知道创业之初拿到的 120 万美元风投资金很快就会耗尽,百度公司必须在寒冬完全到来之前,完成第二轮融资。当时李彦宏和其伙伴可谓是四处寻找投资商,虽然碰壁无数,但经过不懈努力,百度公司终于迎来了投资公司德丰杰和 IDG(美国国际数据集团,全球最大的风投公司)对于百度未来的信任,也由此为百度公司的生存谋得了救命的1000 万美元投资。这也成为了百度公司前期生存发展中至关重要的转折点。由此可见未雨绸缪、居安思危的观念在互联网企业的生存中同样也是起着重要的作用。

百度公司最初确立的商业模式是为门户网站提供搜索服务从而赚取技术服务费用。这种模式使得百度公司在为门户网站带来大量的搜索流量后,也需要不断地提高自己的带宽和服务器数量来满足急速增长的搜索请求。但是门户网站却已经不愿再为自己的搜索服务付出更多的费用,这致使百度公司长期处于入不敷出的境地。李彦宏意识到百度公司需要开始反思自己的商业模式了,从此便走上了做独立搜索引擎公司的道路,直接地面对自己的终端用户。2001年李彦宏用自己处事的态度打动了董事会并推出了百度网站(www.baidu.com),同时诞生的还有全新的赢利模式——竞价排行,百度中文搜索引擎悄然问世。当处于绝境中时,需要做的也许就是这样,少一点绝望而多留一些精力去寻找企业生存的出路,看准了就要做!才能使得企业不至于中途夭折。

百度网站刚推出时,知名度和流量小是当时最大的难题。如何对这个搜索网站进行尽可能大的推广是当时李彦宏考虑最多的事情。许多业界人士分析新浪停机事件可能就是由此而来。当时新浪拖欠了百度公司的技术服务费用,因此百度公司便暂停了新浪的搜索服务。当网民在新浪主页搜索时,返回的并不是合乎用户要求的页面,而是"新浪欠费,百度停机,如需更好的搜索服务,请登录www.baidu.com"几个大大的红字。百度公司正好就此利用这个好机会来了一把"零消耗推广"。就此也开启了百度公司自己独立品牌推广的征程。

另外,为了让更多的人熟悉百度公司的业务,百度公司还推出了搜索大富翁游戏,用户可以利用百度公司的搜索引擎搜索大富翁游戏的答案来回答问题参与抽奖。正是因为这个小小的游戏让网民知道原来百度公司还能搜索到这么多有价值的信息。慢慢地,百度搜索引擎的知名度越来越高,用户流量也越来越大。百度公司的竞价排行模式也渐渐地为百度公司带来收入。

对于所有的企业来说，道理也不尽相同，找好适当的推广方式，打响知名度是发展中的重中之重。

"一味蛮干，只低头拉车，不抬头看路，也许永远到不了目的地"。自己在发展中也需要注意对手的动向，与对手对比找到自身的不足、努力追赶、改掉缺点才能赢得胜利，百度公司作为中文搜索引擎的领导者恰恰做到了这一点。变身为独立的搜索引擎之后，无疑谷歌公司是百度公司最需要注意的竞争对手。虽然当时谷歌公司在中国还没有就中文搜索下多少工夫，但当时百度公司在中文搜索市场上的份额也还很小，而且技术上与谷歌中文版之间都还有很多差距。

李彦宏有了危机感，由此他意识到百度公司必须通过背水一战，提高用户体验获取用户量，确立自己中文搜索引擎霸主的地位。于是百度公司提出"闪电计划"①，在中文搜索领域追赶对手。毕竟谷歌公司是外来的，百度公司内部对于中文的语法、语义的理解肯定更能符合中文用户的要求。经过百度全公司上下不懈的努力，一年多的时间下来，百度公司的中文处理能力有了很大的提升。慢慢地，中文搜索流量也基本能与谷歌公司持平。百度公司也奠定了它在中国中文搜索领域的领先地位。回过头来，从百度公司初期我们到底看到了什么？我们看到了在困难面前不低头的信念和冷静的头脑，而这是值得每一个企业和个人学习的。

2.1.2　黏住用户

对于任何一家公司来说想要成功，就必然不能满足于现状，稳定之后去发掘当下潜藏的发展机遇以谋求持续化发展。百度是一家以搜索业务起家

---

① 2002 年百度公司内部项目计划，计划在 9 个月内使百度搜索在技术上与谷歌抗衡。

的公司,至今搜索依然是百度公司的核心业务。百度公司推出自己的竞价排行后取得了巨大的成功,但是显然竞价排名不会是搜索发展的终点。那么百度是如何维持它在搜索上持久生命力、培养出用户黏性的呢?百度的搜索业务一直如此活跃与它成功利用自己的优势环节——搜索流量,从而将社区的概念和搜索引擎结合到一起,从根本上解决问题是分不开的。

百度于 2003—2006 年相继推出"百度贴吧"、"百度知道"、"百度百科"3个平台,利用百度用户自身的力量构建了以用户为核心、满足用户需求的生态社区。这个社区也帮助百度公司不断地完善自身,维持了在搜索领域长久的生命力。首先,以"百度贴吧"为例,其初衷是做一个不仅仅返回网页检索结果的讨论社区,而是借用户的力量营造一种完全自由交流讨论的氛围。这种贴吧不同于传统博客的地方就在于用户可以在借助搜索引擎,搜索到相关词条后,在相应的社区发言而不受专业等其他方面的限制,用户能够自由地阐述自己的想法。其次,百度公司推出的"百度知道"很好地满足了用户通过搜索了解未知事物的需求。"百度知道"通过发动其他的用户来为问题出答案,然后将这些答案作为搜索结果返回给搜索的用户,"百度知道"也成了一个互联网的知识库,给百度搜索引擎做了一个很好的功能补充,为百度公司的持续化发展提供了能量。对于"百度百科"来说,它不但实现了知识合乎规则的高效拓展,而且与搜索引擎的组合使得用户的搜索体验得到了进一步的提升。"百度百科"对于搜索引擎来说就好像是如虎添翼。从百度公司这一社区化道路的成功可见,善于利用自身优势发展自身,对于维持一个企业持久发展有着至关重要的作用。

百度竞价排行模式为百度搜索业务确立了主要的赢利模式,但是这一模式也渐渐地显示出了许多问题。起价的不合理和大量的无效点击等都给客户带来了不好的体验。为此百度公司在自己搜索业务成熟的过程中相继推出了智能起价、反击无效点击等体制来解决此类问题。而且本着对客户负责的态度,百度还会指导客户如何有效提高自身与搜索关键词的相关性。另外,为了保证用户的搜索体验,百度公司根据用户的搜索请求返回结果的排序因素中除了价格之外,还会加入相关性指标,想要在搜索结果中排名靠前,除了价格高以外也要求它的相关程度要高。百度公司双向考虑用户和客户的体验也为百度公司的持久化发展添上了浓墨重彩的一笔。最后,百度公司自确立竞价排行模式以来能够一直走下去,它的渠道整合也是很重要的一点。百度公司从最开始的直销模式到直销模式结合代理商模式再到核心地区分公司、非核心地区代理商模式的过渡和渠道整合很好地适应了公司发展各阶段的特征,为百度公司谋求持久化发展道路起到重要的作用。虽然百度公司在竞价排行模式的用户体验、客户体验以及渠道整合上有了很大提升,但是在广告内容的审查上仍有许多问题需要改进,如此才能减少"魏则西事件"类似的悲剧重演。

2.1.3　布局生态图

大体来看,当前多数互联网公司想要持续发展、稳住手中的主动权,通常都会多点开花,不断地涉猎新领域。创新化的新布局在这个任何事物都以"创新"为主题的时代,似乎才是决定一家互联网企业能否在激烈的斗争中赢得头筹的关键。百度公司能够保持现有的市场地位与它在新领域积极地探索新"能源"是分不开的。一直以来,搜索都是百度公司的核心,但是随着互联网的发展,尤其是移动互联网时代的到来,搜索流量遭到了大量的分流。由此,百度公司渐渐地开始关注自己的生态圈建设,不断地发现和尝试探索不同的领域,力求为未来的发展做出合理正确的布局。当然在新的领域探索注定是一个艰辛而极具挑战性的工作,百度公司在自己各个新领域的探索上付出之多也可想而知。

首先要说的是 2013 年百度公司收购"91 无线科技"从而踏足移动 App 市场。随着智能手机的普及,移动端的流量也越来越大,而在移动端,流量基本也被各式各样的 App 所分割。百度公司自己也拥有 40 多款移动应用,要想在移动互联网环境中积极地应对移动应用浪潮的挑战,那么占据 App 市场、把握住移动应用分发的主动权就显得尤为重要。91 无线科技刚好抓住了市场时机,推出了很容易给智能手机装软件的 91 手机助手,在用户中赢得了很好的群众基础,从而成为强势的移动应用分发渠道。百度公司也迅速地意识到这一点,顺利抓住这条大鱼。91 手机助手凭借着它易用的特性,用户量过亿,内部应用的总下载量更是突破百亿。在当前互联网格局的层层迷雾当中,百度公司为自己的发展走了一步好棋。

下面我们就来说一下百度公司当前新兴布局上的重头戏——O2O。随着移动互联网的到来,互联网的全新革命正悄然发起。中国互联网公司都在寻找属于自己的多元化发展出路。自 2013 年各大公司开始战略转型以来,百度公司曾因一度举棋不定而落后,当时百度公司看好的几大未来发展核心:移动云、91 无线科技等看上去总感觉少了点什么,谁也不能确定到底这些会不会是一张通往未来的门票。直到 2015 年,百度公司的股价持续下滑,百度公司意识到需要对自己的产品重新定位来迎接移动互联网革命的挑战了。糯米网(简称糯米)也就此赢得了一个成为百度公司在 O2O 生态上核心的机会。

2013 年百度公司抛出 1.6 亿美元得到国内知名团购网站糯米网 59%的股份,成为糯米最大的股东,随后 2014 年 1 月全资收购糯米之后,成功地推出在线 O2O 服务平台——百度糯米。在 2015 年李彦宏重新定位百度糯米并抛出了 200 亿元打造糯米后,强势的地图业务也摇身一变成为了百度 O2O 布局的有力后盾。与美团、大众点评相比,百度 O2O 虽然已不具备先发优势,但是百度公司很清楚地图这一后备力量会为糯米挽回一些局面。李彦宏能够在公司账户只有 500 亿元现金的情况下,拿出 200 亿元来发展 O2O,显

然这绝对是经过深思熟虑的。从图 2-1 可以看出,百度糯米已经从一个无名
小卒开始成为一股可以和美团与大众点评抗
衡的新兴力量。百度公司自营的 O2O 业务除
糯米之外,还有定位到中高端白领市场的独立
外卖服务平台——百度外卖。百度外卖的加
入为百度公司的 O2O 生态又添加了一份新
动力。

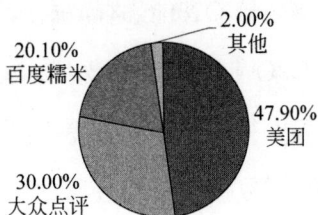

图 2-1　2015年第三季度各团购
平台交易份额

　　除了自营 O2O 之外,在移动互联网背景
下 O2O 战略投资方面,百度公司也有自己的动作,而最大的动作莫过于利
用去哪儿的股份换取了去哪儿和携程公司的合并。去哪儿和携程合并后,
携程 25％的投票权成为百度公司的囊中之物,百度公司也就此成为了携程
最大的股东。这颇具创造力的举措为百度公司的 O2O 生态圈添上了线上
旅游这重要的一环,进一步地完善了布局。大家都知道,携程是线上旅游
OTA(Online Travel Agent,在线旅行社)行业的佼佼者,而去哪儿是平台类
线上旅游服务的主力军,两者在业务上的互补能够优化各自的业务模式。
携程与去哪儿的进一步强大,百度公司也自然而然地成为了幕后的最大赢
利者。

　　关于百度公司新业务布局不得不提的还有百度地图。移动互联网的到
来以及智能手机 GPS 功能的普及,为地图与手机的结合创造了完美的条件。
有了手机地图,人们在复杂的交通网络中出行变得越来越方便。手机地图已
经渐渐成为人们出行的必备工具,手机地图的用户量越来越大。各大互联网
企业也在不断寻找能将地图与移动互联网相结合的手段。而这背后隐藏的
原因也是因为地图不再仅仅是地图,其平台入口效应不断凸显,衍生出来的
LBS(基于地理位置的服务)所带来的隐藏价值是巨大的。地图既可以成为
发展其他业务的基础,也可以被打造成为一个垂直的生态平台,打通其他功

能服务之间的隔阂。

随着O2O战略的确立,百度公司也由此认准了百度地图将成为自己发展O2O业务的关键支撑。多年在地图服务信息搜集上的艰辛劳作在O2O布局中势必将厚积薄发。因为在过去,百度地图不断地在加强数据(其中包括图层数据和基础数据)的采集能力。完善数据之后,在导航的精确性和路线规划的准确度上,百度地图也是煞费苦心。从大多数用户的反映来看,就百度地图的定位精准性和用户体验来讲,相比于其他的地图软件来说都是更胜一筹的。百度地图精准的用户定位和线路导航为百度公司的O2O业务发展提供有力的支撑,精准的用户定位是为用户推荐商户的关键,而精准的线路导航也是保障用户体验的重要手段。

苍天总是不负苦心人,百度地图用户体验进一步提升的同时,其用户量也在逐渐地增大。在2015年第3季度针对中国手机地图活跃用户覆盖率的调查中,百度地图达到了70.7%,而高德地图仅为26.0%。百度公司已经坐上了国内手机地图的第一把交椅。百度公司在地图业务上的深耕,积累下的经验和优势可以说对百度公司的后来业务是极为重要的。

虽然在移动互联网潮流之中,百度公司起步稍晚,但就目前百度公司的O2O生态发展态势来说好像又为百度公司燃起了新希望。这其中与百度公司的清晰的战略思路肯定是有着密不可分的联系的。及时为核心产品糯米重新定位;正确地为百度外卖做出精准的市场定位,让百度外卖顺利地成长成为针对白领外卖市场的领导者;在正确的时机,促成携程和去哪儿的合并,由此成为最大的受益者;利用自己地图业务上的优势,在O2O战场为自己赢得一席之地。这些清晰的战略思路在百度公司的发展中显得尤为重要。学会在逆境中求生存,在困难中求发展,这也许就是一个企业成长过程中必不可少的一步。

2.1.4　点燃未来之光

永立市场浪潮之巅,这可谓是所有互联网公司的心愿,而想要把这个心愿变为现实就肯定不能只顾眼前,找到公司未来发展的方向和契机显得尤为重要。就当前国内互联网行业来说,随着移动互联网浪潮的到来,每一家公司都面临着极大的挑战。百度作为一家以搜索为核心的公司,在这个流量被移动应用大分流的时期,想必承受着比其他公司更大的压力。到底何以点燃百度公司的未来之光呢?

作为一家公司来说可以暂时不成功,但是绝对不能没有野心!李彦宏是一个有实力的人,同时李彦宏也是一个极具野心的人。百度公司在中文搜索引擎领域已经达到国内的领先水平,但百度公司的野心绝对不仅于此。百度公司想的是何不就此发展成为世界搜索领域的佼佼者,进而为自己未来的发展打开一个突破口呢?然而很多时候就如同之前所说探索新领域的过程一样,寻求未来的突破口也是一条荆棘密布的道路,百度公司的国际化道路就目前来看也并没有如其所愿的那么好。

日本是百度公司国际化走出的第一步。第一步选择日本,当时来说百度公司也是综合了许多方面因素考虑的。日本地域接近中国,日本的语言和文化也很接近中国,在工作效率和有效协同合作的层面上来说占据优势。最重要的是当时日本市场上的搜索公司都是百度公司所熟悉的公司,这非常有利于百度公司正确地做出战略布局。随着百度日本版正式上线,从此开启了百度公司的国际化探索之路。然而在日本的发展并不如想象的那么好。日本搜索市场是个独特的市场,大众的使用习惯以及他们对于互联网搜索引擎的理解成为了百度公司能否在日本市场取得成功的关键一点。而当时雅虎在日本的市场份额已经占到了 56%,大多人基本都已经习惯于雅虎的搜索服务,这致使百度搜索、Google 搜索都纷纷败下阵来。2015 年 4 月,百度公司在日本的站点由于根本占不到市场份额而无奈停运。

随着中国搜索领域的发展,百度公司在中国搜索领域的份额正在被奇虎360、搜狗等公司不断蚕食,搜索的流量也面临着诸如淘宝网等特定业务网站的分流。似乎国际化的扩张对于百度公司来说已经迫在眉睫。但是,经济发达国家和大语种地区基本都被 Google 抢先占得了头筹,而少数国家使用的小语种又似乎并不会给百度搜索带来多大的发展空间。虽说百度公司迅速地调整了自己的国际化发展方向——从拉美等市场来寻求国际化的出路。但是这些地区到底能给百度公司带来多少希望呢?百度公司的国际化是否还有必要走下去呢?这些问题的答案我们不得而知,但显然光有野心是不够的,这些都是值得百度公司认真思考的问题。

百度公司的未来战略计划中,在新兴科技上的投入是最值得我们期待的一部分。近年来百度公司在大数据、云技术、物联网等新兴技术领域都做了很大的投入。其中大家最熟悉的莫过于"百度云"了,在 2012 年百度世界大会上,百度公司正式推出面向用户的云服务平台,该平台集合了云存储、相册、通讯录等主流应用类产品。利用此云平台,百度公司还可以打通其他类似音乐等主流产品,建立一站式服务。用户可以根据需求,自由选择获取相应资源池中的服务。云服务的壮大不仅可以提高百度公司内部的运营、开发、管理效率,而且在移动互联网挑战下将为百度公司积蓄很大力量。

2014 年百度公司还推出了能够与人交流的"小度机器人"。这款机器人不仅能够通过智能交互式搜索满足人们的信息获取需求,更加智能的是它还能够通过不断地学习各类知识,感知人的情感变化与人进行情感互动,满足人的情感和心理需求。小度机器人刚刚推出不久便获得了许多人的喜爱,李克强总理还亲自与小度机器人进行了问答交流,并为小度机器人的聪明点赞。2015 年 12 月百度公司的另一款新科技产品——"无人驾驶汽车"成为了北京城内的主角。在北京城内,百度无人驾驶汽车成功进行了最高时速达100km /h 的混合路况全自动驾驶测试。

　　以上这些都离不开百度公司在机器学习、深度学习上所下的工夫。随着深度机器学习在许多领域已经展露出它的可实用性,深度机器学习领域也成为了目前百度公司未来一个重点发展的领域。目前深度学习也已经对百度公司现有的许多业务(如语音搜索、图片搜索等)起到很好的性能优化作用,最重要的是还得到许多用户的广泛好评。不仅如此,2015 年 5 月百度公司还组建了全球最大的分布式深度机器学习开源平台。吸引了众多开发者和项目的加入,该平台对百度公司未来在新兴科技上的发展影响是巨大的。从这些点都可以看出百度公司已经跟随时代的脚步深入新时代智能领域谋求出路了。

　　最后,让我们回到百度公司为迎接未来移动互联网的挑战做出的 O2O战略上来。不如我们换个角度来看看 Google 公司在移动互联网下有哪些动作呢? Google 公司与百度公司相比,面对移动互联网挑战最大的优势莫过于 Android 移动操作系统了。很多人都认为 Google 公司是最不需要担心移动互联网转型问题的,因为 Android 是移动互联网的基础设施。Google 公司不仅可以从操作系统软件的方向来发展 Android 获取利润,而且 Google公司还借着 Android 作为移动操作系统的优势正在大力地发展智能硬件,进军智能科技领域,耳熟能详的谷歌眼镜、Chromebook、无人驾驶等都是基于Android 的产物。

　　不过随着各大移动终端的兴起,Android 的控制权已经逐渐被各大厂商所瓜分,Google 公司也正在做出改变。Google 公司在 2015 年抛出并重组母公司 Alphabet,使 Google 公司成为母公司的一部分,而母公司大力拓展业务范围调整战略。这些都可以看出 Google 公司在应对移动互联网新挑战上做出的改变。移动互联网的到来,对于有实力的大公司来讲,服务与信息之间的连线变得越来越重要,而这恰恰是 Google 公司忽略的地方。因此,百度公司在移动互联网背景下借着自己在地图上积累下来的优势以 O2O 为目前战略核心来带动未来搜索(主要为移动端应用内搜索)、新兴科技的发展,打通服务与信息的连线无疑是一个正确的决定。

当然,我们必须承认想要成功应对未来移动互联网的挑战,百度公司要做的还有很多。就核心 O2O 业务来讲。虽然百度公司可以通过优化应用内搜索,从而以用户体验来保住部分移动流量。但百度公司要完成以 O2O 为核心的生态闭环布局,单从百度公司金融业务实力来看,就还很欠缺,无论是支付还是消费金融业务,距离行业领先水平都还有很大的差距。

只有一个单薄的"百度钱包"是远远不够的,从图 2-2 可以看出,即便是在目前形势最好的外卖领域,百度钱包与对手还有很大差距。不仅在支付市场所占的份额不够,而且其内部的金融业务类型也比较欠缺。因此,要想以 O2O 为核心的全新布局有质的飞越,百度公司还需要在支付等金融领域上下狠工夫。

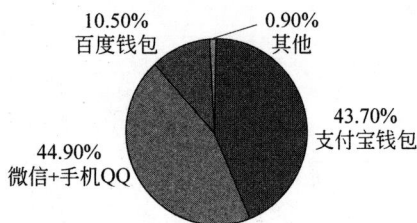

图 2-2   2015 年第三季度中国第三方
移动支付外卖场景交易份额

可以看出百度公司正在诸多领域发力,但我们回想近一年来关于百度和谷歌两家公司的新闻都是什么呢?谷歌公司的新闻大都是又取得了什么技术突破——例如 AlphaGo 和无人车又有了什么进展;而百度公司大都是较消极的商业新闻——魏则西的悲剧、百度贴吧的丑闻。虽然现在百度公司已经是一个大公司,但要成为引领行业发展方向的公司还有待发展。如何在技术上而不是商业模式上取得更多的突破,百度公司需要做的还有很多。

2.2　电商王朝"阿里巴巴"

2.2.1　机遇与抉择

1999 年正值互联网热潮,各式各样的互联网企业也如雨后春笋般涌现,但是阿里巴巴公司(简称阿里巴巴)似乎是这众多新星中最为耀眼的一颗。之前说到各个公司能在初期成功地撑过来必然有它的绝招,但是说到阿里巴巴在初期成功的绝招,似乎比同样在当时互联网热潮下诞生的公司更加清晰可见。总结为一点就是阿里巴巴在中国电子商务刚刚萌芽时适时地抓住了许多机遇并果断地做出正确的决定。

当时电子商务是国外最炙手可热的商业模式,而对当时的中国乃至亚洲来说电子商务还尚未起步。在参加了 80% 参会人员来自欧美的亚洲电子商务大会,并且看到当时正火爆的 eBay、亚马逊后,马云陷入深深的思考。他意识到亚洲电子商务还没有自己独特的模式,亚洲的电子商务想要发展起来必须要有自己的特色。于是他毅然决定投身电子商务领域。最终,马云在经历了海博翻译社、中国黄页的互联网初梦之后,在 1999 年同其他 17 位创始人共同构建了一个至今为中国互联网代表的电子商务平台——阿里巴巴。

阿里巴巴在刚成立时,将公司电子商务平台的主营方向定为 B2B (Business to Business,商家对商家),这种模式的主要服务对象是企业。阿里巴巴电商平台的出现,很好地填补了当时国内市场的空白。但成立不久的阿里巴巴便遇到了 2000 年的互联网寒冬,资金成了最重要的问题。这时阿里巴巴最大股东日本软银公司对阿里巴巴 2000 万美元的果断投资成了阿里巴巴成功路上的一个重要转折点。软银公司的孙正义同马云一样也是一个行事迅速、睿智的人。他在互联网的寒冬时看中阿里巴巴，就是因为他看到阿里巴巴的电商平台确确实实是个好产品。有了资金以后，阿里巴巴电商平台迅速地发展壮大起来。到 2001 年 12 月时，阿里巴巴已冲破了收支平衡线开始赢利，当时注册的商务会员也已经突破 100 万家，迅速成为亚洲电子商务乃至世界电子商务的骄傲！

这里不得不提的是阿里巴巴并购雅虎中国和香港上市，这被人们认为是阿里巴巴前期道路上抓住机遇果断决策的战略步骤。2005 年阿里巴巴全面收购雅虎中国，此举不仅有力地解决了电商平台搜索引擎的问题，而且加快了公司技术国际化、市场国际化的扩张步伐，阿里巴巴也因此在市场扩张上有了更加充裕的资金。日后就连雅虎自己都表示将雅虎中国融入阿里巴巴是阿里巴巴最成功的决策之一。并购雅虎中国之后，阿里巴巴发展的步伐越来越快，2007 年 11 月，阿里巴巴于香港正式挂牌上市。阿里巴巴的市值当时超过了 200 亿美元，超越之前的百度和腾讯两家公司，一举刷新了中国互联网市值最高的纪录，把整个中国互联网引领到了一个崭新的高度。成功上市也为阿里巴巴引来更多来自高科技公司的合作和资金投入，阿里巴巴也在渐渐地壮大自己的规模。

2.2.2　惊人的 C2C 能量

谈到阿里巴巴集团，也许最容易让人想起的便是淘宝网了，在淘宝网上买东西似乎已经成为人们习以为常的事。淘宝网作为阿里巴巴 C2C 业务的主要组成部分，自其 2003 年推出以来，渐渐成为阿里巴巴可持续发展、繁荣的中坚力量。

在 2003 年 5 月阿里巴巴推出淘宝网正式进军该领域之前，其实早已有

"易趣"网上购物平台。2002 年美国 eBay 对中国易趣战略投资并于 2003 年正式入主易趣,这在当时的互联网市场掀起了轩然大波。eBay 也由此进军中国,并拿下大部分的市场。因此当淘宝网出现后,自然遭到 eBay 的大力阻拦。eBay 预先抢占了当时百度、新浪等大型网站的广告位,使淘宝网没法得到有力的推广,并借此来封杀淘宝网。那么淘宝网在这种情况下是如何战胜主要对手 eBay,并发展成为阿里巴巴中坚力量的呢?

阿里巴巴在淘宝网上的成功可以从两方面来看。第一方面,阿里巴巴迅速准确地把握住了市场走向,借以 C2C 模式在国内先天的优势使得淘宝网在恶劣的竞争环境下得以立足。首先,网上商户的模式降低了卖家的门槛,为卖家刨去了普通商务模式下包括仓库、运输、门店租赁等大部分支出,使得大多数人都能很容易地成为商家,通过互联网来销售自己的商品。其次,对于网上购物的消费者来说,由于中间环节费用的去除,多数商品价格的降低给消费者带来很大优惠,这大大地吸引了消费者开始趋向于网上购物。再次,网上购物也满足了大部分人想要足不出户就能买到自己心仪商品的愿望,给购物者带来极大方便。在当时的中国来说,虽然 eBay 先入为主占据了主动,但是当时整个中国的市场却还没有被完全地解放出来,存在着极大的发展空间。就在 2003 年,突如其来的"非典"影响了大家的正常外出,这也为新兴起的互联网购物起到推波助澜的作用。

第二方面便是阿里巴巴在竞争中做出正确迅速的决策。首先,在如何推广吸引商户的问题上,由于 eBay 阻断了淘宝网在大型网站上的广告推广,阿里巴巴毅然选择了寻求大量中小型网站的支持,靠中小型网站联盟积沙成塔的力量来进行推广。不仅如此,当时淘宝网还适时迅速地推出免费策略来吸引商户加入。截至 2003 年年底,淘宝网已顺利得到约 30 万的注册会员。

其次,当时的网上购物存在的最大问题莫过于买卖双方的信誉问题,而阿里巴巴及时推出的支付宝、旺旺为自己在解决信誉问题上赢得了先机。不难看出,eBay、淘宝网作为交易平台其实缺乏对买卖双方的约束力,这导致买卖双方尤其是买方的权益很难被保证。就在这时,马云意识到必须赶在eBay 的 PayPal 进入中国之前建立好自己的信誉体系。由此,同年 10 月阿里巴巴的信誉体系——支付宝应运而生。支付宝作为一个第三方的支付平台,通过第三方保障的方式很好地解决了支付诚信的大难题,同时也开创了中国电子商务的在线支付市场。不仅如此,在推出支付宝的同时,阿里巴巴还推出另外一款产品——阿里旺旺。阿里旺旺的出现不仅很好地解决了买卖双方的交流问题,而且还可以被用来作为日后买卖双方是否遵守信誉的凭证。固然 eBay 有自己的安全保护等措施,但当时与阿里巴巴相比还是远远不够的。

最后便是阿里巴巴机敏地利用了自己区域市场的灵活性战胜了 eBay。中国电子商务起步稍晚,很多地方正如马云所说是有着自己特色的,例如,中国网民对网购认识程度的差距和对网购习惯操作方式等。所以,阿里巴巴作为一家本土企业对于中国网购市场的理解势必会比外来公司更加占据优势。渐渐地,2005 年淘宝网在整个 C2C 市场的市场份额顺利地达到了全国第一,淘宝网的年交易额更是呈现飞速的增长态势(见图 2-3)。

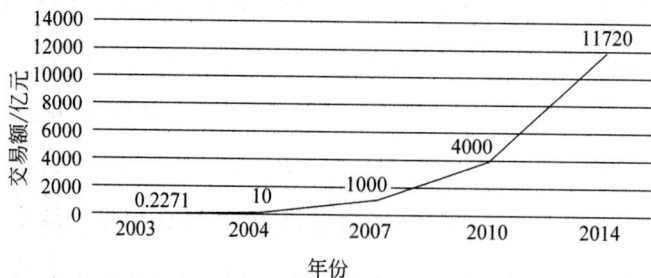

图 2-3　淘宝网年交易额变化趋势图

淘宝网在与 eBay 的斗争中取得了胜利,这无疑促进了阿里巴巴电子商务的成熟,带动了整个中国电子商务市场的全面复苏。2009 年淘宝交易额突破千亿元大关达到 2083 亿元、2014 年淘宝在 C2C 市场的份额达到 95.1%，也见证了阿里巴巴 C2C 业务迸发出的强大能量。不过虽然淘宝网取得巨大的成功，但是其中也暴露出问题。例如，由于门槛低导致的假货泛滥，而频频被知名品牌厂商投诉；因为评价体系不完善滋生的刷信用，造成虚假信用泛滥等。不管这些问题是真是假，继续发展的前提必然是先解决问题。阿里巴巴只有妥善地解决了当前淘宝网内部存在的问题，才能更好更快地发展。

2.2.3　霸王新格局

发展壮大之后，在为保持长久的生命力和持续的活力而谋求新的出路、做出合理布局并适时注入新鲜血液上，作为 BAT 三巨头之一的阿里巴巴可以说走在了时代的前面。从其一系列的新动作的背后也确实可以看出其中蕴含的一些属于阿里巴巴自己的商业智慧。

随着早期在 B2B 领域阿里巴巴占尽先机取得成功，中期淘宝网成功逆袭并一路突飞猛进地发展 C2C 领域后，阿里巴巴已迅速地坐上了中国电子商务的头把交椅。在对整个阿里巴巴当前和未来的布局上，电子商务发展模式的调整自然成为重中之重。虽然在长期的发展过程中，阿里巴巴在电商上取得许多突破，但是似乎整个电商体系还依然存在着从结构到细节方方面面的问题。阿里巴巴早期的发展战略为"大哥带小弟"模式：发展最壮实的阿里巴巴(B2B 业务)作为大哥带动淘宝网、支付宝等其他业务小弟的发展。但是随着时间的推进，其他业务的壮大，这种模式也已经不再适用。

为了除去这些阻碍发展的因素，阿里巴巴极富远见地为自己未来电商的发展重新制定了"齐头并进"的发展策略。2011 年，阿里巴巴从淘宝网分离出了淘宝商城，正式转战 B2C(Business to Customer，商家对个人)。而且为了真正地体现出它独立的业务形态以及纯粹的 B2C 模式定位，2012 年淘宝商城正式更名为天猫商城。正式推出独立业务形态后,公司业务量得到很大的提升。而且天猫商城通过提高门槛扩展了品质市场的发展空间,缓解了淘宝网内部存在的诸如假货泛滥等许多问题,成功地利用了经济杠杆的调节为品牌商和消费者搭建了一站式服务的平台。从此,阿里巴巴也正式确立了其B2B、C2C、B2C 协同合作、共同发展的新型战略模式,使自己在电子商务领域进一步扩张和强盛上占据主动。而这一切都是阿里巴巴能够准确把握市场变化并快速做出战略调整商业智慧的成果。

随着互联网竞争慢慢地由业务市场向资本市场过渡,金融领域现在已经越来越受到各大互联网公司的关注。阿里巴巴在新的商业布局上也看准了时机将自己互联网在金融领域的发展提到了一个全新的高度上。2014 年 10 月阿里巴巴同保险、基金等其他金融领域的战略投资商秉持着"让信用等于财富"的愿景,共同推出了为未来金融业务提供支撑的蚂蚁金融服务集团,简称蚂蚁金服。蚂蚁金服已经发展成为一个横跨支付、基金、保险、银行、征信、互联网理财、股权众筹、金融 IT 系统的互联网金融集团。公司旗下业务包括掌管支付业务板块的支付宝,掌管理财业务板块的余额宝、招财宝、众安保险等,掌管融资业务板块的网商银行、蚂蚁小贷以及掌管征信业务板块的芝麻信用等(见图 2-4)。

图 2-4 蚂蚁金服业务板块图

　　蚂蚁金服对于阿里巴巴来说是正在进行的一盘大棋,蚂蚁金服以支付宝为基础已经逐渐演变成了一种生态系统。"金融业务"这个名词是远不足以说明蚂蚁金服的。事实上,它更像是一种独特的互联网金融模式。它的目标绝不会是与传统的金融机构竞争业务,因为这样,对于一家以互联网为核心的公司来说又有何意义呢? 蚂蚁金服更像是一个平台的提供者、一个金融服务与用户的连接者。它借助互联网的力量将各式各样的金融业务渗透到每个人的生活中来。换句话说,也可以把蚂蚁金服看成是一种新式的"银行"。蚂蚁金服 COO 井贤栋也透露:蚂蚁金服的发展战略很清晰,即"平台、农村、国际化"。蚂蚁金服的目标是希望更多的人口和应用场景能够融入到其中来。蚂蚁金服目前已经和多达 2300 多家农村金融机构建立联系来服务农村。蚂蚁金服已渐渐深入农村。而在应用场景的丰富化方面,蚂蚁金服也已形成"未来商圈"、"未来交通"、"未来医院"的发展计划。而这一切布局不仅可以给阿里巴巴带来直接收益,而且能够帮助阿里巴巴对用户数据进行沉淀。阿里巴巴内部也透露"阿里巴巴未来将成为一家以数据驱动的公司"。有了数据,就有了信息,阿里巴巴可以做的将会更多。

　　作为蚂蚁金服的重要组成,支付宝目前活跃用户数已经超过 4 亿,而且其中超过 80% 为移动端用户。支付宝凭借其巨大的用户群体,被人们视为蚂蚁金服众多互联网金融业务的入口。另外,芝麻信用、蚂蚁金融云则成功利用了阿里巴巴内部的大数据、云计算资源为同行业机构提供支撑性服务,很好地做到了一个上层的服务渗透,增强了对供应链的影响力。所以我们应该看到,蚂蚁金服各式金融产品往往在推出不久之后就获得不俗成绩,这与阿里巴巴内部能适时地围绕其已有的渠道、技术资源或者说"强项"来发展生态链的商业智慧是分不开的。而这也恰恰是不管个人还是企业常常容易忽略的,很值得我们深刻反思。

电子商务的发展离不开线下完善的物流网络,物流效率是影响网上购物体验的一个关键因素。阿里巴巴在未来商业布局的第三件武器便是"菜鸟网络"。说到这里,可能大多数人会误解为阿里巴巴要涉足快递行业了。实际上,阿里巴巴并不是要自己做快递,而且就目前快递行业发展态势来看,阿里巴巴的中途杀入并不会有任何优势。阿里巴巴只是想通过互联网新兴技术大数据、云计算等来改善物流的效率,为物流配送行业搭建一个公共的、基于互联网数据的平台,从而达到为广大物流服务提供商建立物流骨干网的目的。

同阿里巴巴涉足的互联网金融一样,简单一句话来说,阿里巴巴看重的还是数据。在这张物流骨干网上,阿里巴巴会根据大数据分析的结果在全国范围内的几个重要节点设立物流中转站为各大物流服务商所用。菜鸟网络于 2013 年 5 月推出时便集合了"三通一达"(申通、中通、圆通、韵达)的力量,而且声明在以后会有更多的快递公司加入。这意味着阿里巴巴可以在制定相应的物流规则后,基于大数据的分析结果和各个物流公司的物流力量相互合作来最终改善物流效率。

不仅如此,在菜鸟网络的投资商中还出现了地产商,这说明这张骨干网上还会有大型储物仓库的出现。大数据技术被应用于仓储这一环节后,可以针对各类畅销商品,通过大数据销量预测,帮助商家合理安排全国各地仓库的库存,让商品尽可能地靠近需要它们的消费者,提高物流效率。但我们还要看到,菜鸟网络的愿景虽好,建立这张物流骨干网的过程中成功集合各大物流提供商的力量、合理地制定物流规则等都是十分艰难的。阿里巴巴想要真正地实现这个目标还需要不断地改善菜鸟网络的结构和细节才行。但是不得不说,菜鸟网络这一把握细节和格局的睿智举措在未来将会成为其电子商务进一步强大的有力保障!

2.2.4 "双十一"狂欢节

谈阿里巴巴,不说天猫"双十一"总感觉就不是完整的阿里巴巴。自其 2009 年推出至今,似乎每年都会在 11 月 11 日给人们平静的生活带来一波疯狂。"双十一"这些年来不仅给阿里巴巴带来巨大的品牌推广效应和巨额营收,通过"双十一"也让更多的人接触到了网络购物并逐渐地习惯于网络购物;通过"双十一",让我们看到一个更加完整的阿里巴巴;通过"双十一",似乎也让我们预见了阿里巴巴的未来。下面就来剖析一下这奇妙的"双十一",试着探求一下移动互联网浪潮下阿里巴巴的未来。

关于阿里巴巴为何选中"双十一"这天也是有讲究的。十一月正值季节变化,消费者的购物需求会更大一些,对于货物的促销是很有利的。将节日定在了大家称为"光棍节"的日子里,不但好记,而且非常容易获得大众消费者的青睐。正是这特殊的一天,给阿里巴巴提供了造就"双十一"成功的巨大机会。同时,"双十一"从 2009 年刚推出时的 5200 万元成交额到 2015 年的 912 亿元成交额的蜕变(见图 2-5),与阿里巴巴耗资巨大的营销推广以及自身基础设施的强化是分不开的。首先,阿里巴巴不仅在互联网上大规模宣传"双十一",在线下也举办了许多推广活动。最为代表的就是

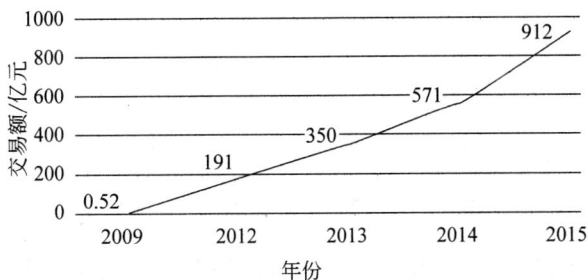

图 2-5 "双十一"成交额变化趋势图

2015 年阿里巴巴推出电子商务领域的春晚——"双十一晚会",把"双十一"购物狂欢节推向一个全民疯狂的高度。晚会还在女性观众为主的湖南卫视进行了现场直播。这些看似简单的细节也能从侧面解释"双十一"为何如此火爆。

另外,在全民疯抢的"双十一",如何保证自己的服务器面对当天巨大的访问量、数据量而应对自如,阿里巴巴也是下了很大工夫的。2015 年"双十一"开始的几分钟内虽然部分人还是看到了"被挤爆"的页面,但是还是顺利地在大约 1 分钟时间内完成了近 10 亿的成交量,支付宝也承担了 8.59 万笔/秒的交易峰值,可见阿里巴巴在技术投入上的力度。线下物流体系同样起到了关键作用,随着菜鸟网络构建的物流骨干网逐步完善,"双十一"单日上亿物流件的压力也已不在话下。

面对移动互联网的挑战,其实我们通过"双十一"可以看出阿里巴巴做出的改变。阿里巴巴现任 CEO 张勇也表示 2015 年"双十一"最大的创新就是"all in 无线"。"双十一"成交额中来自移动端的比例越来越大,2014 年移动成交额占比达到了 42.6%,2015 年更是达到了惊人的 68%。取得这样的成绩,也难怪张勇会说"all in 无线"会是最大的创新。在移动互联网到来时,阿里巴巴迅速地做出战略调整,越来越重视自己新型移动电商的建设以及移动流量的控制。阿里巴巴近几年都在尽力地通过优化手机淘宝、手机支付宝等移动客户端的服务体验,并以此作为大型入口来保障自己在移动互联网转型下的流量。而"双十一"的结果无疑向我们展示了人们已经开始逐渐习惯从 PC 端转到移动端的这种随时随地的购物方式。这也正是阿里巴巴想要看到的结果,"all in 无线"的发展形态也让整个阿里巴巴深深地松了口气。由此看来,移动互联网的浪潮似乎并不会影响阿里巴巴电商在未来的发展态势。

不仅如此,前面我们还提到阿里巴巴已通过蚂蚁金服涉足金融领域,这将会是阿里巴巴电子商务强有力的保障,而且阿里巴巴在技术支持、线下物流等基础设施领域进行新一轮强化,这将更有利于其领跑电商领域。对于想要成为管理者或专注于电商产品线的从业者,如果兴趣驱使你向着电商迈进,阿里巴巴这个大平台定能让你大战一番。

对于阿里巴巴的未来,从前面提到的阿里商业布局上其实不难看出,那就是这些布局都与当前的大数据、云计算等新技术相结合。电商是大数据零售,蚂蚁金服是大数据金融,菜鸟网络则是大数据物流。随着阿里巴巴的业务量扩大,所需要的计算资源也越来越大。阿里巴巴现今也在大力地发展云计算技术,而阿里云就成为了这一重任的承担者。目前阿里巴巴摇身一变,像亚马逊一样成了一家输出云计算的公司,其阿里云的云计算能力被认为仅次于亚马逊。2015 年 12 月,阿里云荣获中国"游戏十强"奖项,见证了阿里云在游戏云上也有新的突破。随着越来越多的游戏厂商对云计算的认可,相信在未来,阿里云也能在游戏市场上建立一套稳定成熟的云生态体系。

前面说到,阿里巴巴未来将会成为一家以数据驱动的公司。而数据的本质价值是数据内蕴含的信息,做到对数据最大程度的分析,挖掘数据中蕴含的用户信息才能给企业带来其应有的价值。而这背后也蕴含着对于计算资源和数据挖掘能力的要求。由此可见,在移动互联网到来时,大数据、云计算等新兴技术将会成为阿里巴巴能否在移动互联网的趋势下继续占据主动的关键因素,而阿里云就成为了未来带动这辆商业大巴的核心动力。

虽然我们不能对未来的阿里巴巴下什么肯定的定论,但是目前通过"双十一"以及阿里云、菜鸟网络、蚂蚁金服,我们看到了阿里巴巴走向一个伟大互联网公司的希望。

2.3 酷爱社交的"企鹅"

2.3.1 即时通信的突围

随着生活水平的提高,人们对于信息和通信的渴求也越来越强烈。随着中国 20 世纪 90 年代互联网热潮的到来,基于互联网的即时通信也由此悄然诞生,而腾讯公司(以下简称腾讯)则可以说是中国互联网以即时通信发展壮大的代表。腾讯作为 BAT 中的一员,就初期公司所处的境遇来说与另外两家公司有一些不同。百度做搜索时虽然中国已有搜索引擎,但大都没有实现商业化。而阿里巴巴决定在中国做电子商务时,当时整个亚洲都只是萌芽状态。腾讯则不同,其早期赖以生存的 QQ 推出前就已经有了进入中国市场的 ICQ 软件。推出 QQ 之后又有了新浪寻呼、雅虎即时通信、MSN 等类似软件的共同竞争。那么腾讯早期又是如何战胜这些对手杀出重围的呢?

1997 年,一个偶然的机会使马化腾接触到 ICQ 这款即时聊天软件,当时还在润迅公司工作的他立刻被吸引住了。当时在中国,以 BB 机为主的即时通信甚是火爆,而互联网也刚刚起步,马化腾突然灵光一现,何不把两者融合到一起呢? 但是,当时自己提出的这个观点却被润迅公司的高层否决了,主要原因是他们觉得这个产品没有赢利点。其实是他们没有意识到用户信息在互联网风暴下会有如此大的作用。但是马化腾却看到了机遇,于是马化腾凭借着对用户量的自信,毅然地选择了从润迅公司辞职,从此开始了自己的创业路。1998 年深圳市腾讯计算机系统有限公司正式成立,简称"腾讯"。

公司成立后的第二年经过紧张的筹备工作,腾讯便正式推出了 QQ 的前身——OICQ 互联网即时通信工具,并于 2000 年正式更名为 QQ。其实马化腾当时绝不是茫然地推出一款完全类似于 ICQ 的软件去做竞争的,那样的市场竞争力可想而知。敏锐的观察能力和把控能力对于一个初期创业者来说是十分关键的。而马化腾的细心观察与果断决策也成为了 QQ 早期抗击 ICQ 成功的关键。早在之前他就已经睿智地看出了进入中国市场的 ICQ 存在许多问题。首先,ICQ 作为一个外来软件只有英文界面这对中国用户的使用造成很大不便。其次,ICQ 软件的操作也是极为复杂的,这导致很多刚刚接触互联网的中国用户,对一些不符合他们习惯的操作极为反感。而腾讯推出的 OICQ 很好地解决了这些问题,熟悉的中文界面和简易的功能操作顺利地为 QQ 赢得大量的用户。直至 2000 年 6 月,腾讯 QQ 的注册用户量已经突破了 1000 万。

解决 ICQ 并不是纷争的结束。众多当时已有一定规模的互联网企业看到腾讯的表现后,也相继跳入即时通信这片当时的蓝海中,推出了诸如新浪寻呼、雅虎即时通信、PICQ 等软件。而且后来又出现了外来的搅局者——微软公司的 MSN。可想而知,这时仅凭着简易的中文界面是无法战胜这么多强劲对手的。

腾讯作为一家刚起步的公司,它的 QQ 能够在第二重挑战中生存下来,其原因除了已经积累了一定的用户量之外,不断地以微创新来提高用户体验的新型互联网思维才是制胜的核心。例如,QQ 把用户信息存储在腾讯自己的服务器上而不是用户端,这使得用户在异地用其他终端登入账号时,也能找到自己以前的好友。又如 QQ 不仅能够发送在线消息,而且能够发送离线消息等。这些细节创新看似很小,却是其他竞争对手所忽视或者做得不够好的地方。这也验证了,时刻保持创新、不故步自封的企业经营理念以及顺应时代要求,尽早确立合乎时代背景的革新理念,对于一个刚刚站稳脚步的创业公司来说是相当重要的。腾讯其实也正是因为在公司拼杀的早期,就确立了合乎互联网时代背景的互联网理念,才得以战胜众多对手,杀出重围。

2.3.2 探索赢利新模式

前面我们说腾讯早期通过在 QQ 上的细节革新提高了 QQ 的用户体验,从而获得广泛的市场,战胜了对手。至 2000 年 5 月份 QQ 同时在线人数也达到了 10 万之多,一时间用户量成了腾讯手中唯一的法宝。因为用户量固然重要,但是如果只有用户量而没有维持公司持续发展的资金、找不到适合公司的赢利模式,公司依然无法维持下去。那段时间也成为了腾讯最为艰难的时期。不光是腾讯,对于所有公司来说,在创业初期寻求维持公司发展的资金以及找到公司稳定的赢利点都是相当艰难的。而腾讯能够艰难地生存下来与整个公司内部坚韧顽强的意志力是分不开的。公司通过不断努力改进,也最终获得了投资公司的信任,挺了过来。当然,稳定之后不断巧妙地利用再创新从而找到了具有特色的赢利模式,在适当的时机成功上市是点燃公司希望曙光的关键。

当时的 QQ 随着用户量的增大,内部需要不断地增加服务器以存储用户数据和提供服务。腾讯需要尽快地找到资金来养活这只喂不饱的企鹅,于是马化腾只能带着只有用户量而尚无赢利模式的 QQ 到处寻找投资。由于中国互联网当时还只是萌芽期,没有多少人真正了解互联网企业,更别说有多少人能信得过所谓的即时通信了。多数投资商还是传统的经济思维模式,他们需要看得见的消费者和赢利点,因此在融资的过程中马化腾没少碰壁。无数次的拒绝让马化腾几近绝望。但是绝望是没法打动投资人的,于是马化腾不断地更改着自己的商业计划书继续坚持着,功夫不负苦心人,腾讯经过不断的努力迎来了 IDG 和美国盈科公司 220 万美元的投资,从而获得了一线生机。虽然在后来的互联网寒冬中 QQ 又命悬一线。但是 MIH 集团(米拉德国际控股集团公司,腾讯目前的第一大股东)看到了腾讯的发展潜力,接手了 IDG 和美国盈科的股份,在悬崖边又拉了腾讯一把,成就了日后中国娱乐社交帝国的神话,这也成了腾讯公司创业初期的重要转折点。

得到投资之后,马化腾深深知道这只是暂时化解了危机。寻找稳定的赢利模式才是生存下去的王道。积累用户量到一定层次后,基于 QQ 社交软件的特点,腾讯内部通过数次头脑风暴创新地找出了包括精准商业广告投放、QQ 秀、QQ 宠物、Q 币等赢利点,这成为了腾讯前期能够维持发展的关键。首先,有了用户量后,利用 QQ 平台投放商业广告的价值不言而喻。利用QQ 平台可以进行最大限度的品牌推广,这致使不少商家开始和腾讯展开合作,为腾讯获取了一个稳定的赢利点。其次,QQ 秀、QQ 宠物和 Q 币作为一条产品线出现,是因为腾讯清晰地把握住了自己的消费群体是什么样的人群,腾讯也成功地抓住了机会,从中获取了丰厚营收。用户付费充值后能够获取 Q 币用以购买所需要的产品,其中相继出现的 QQ 秀以及 QQ 宠物成为了用户主要的 Q 币消费点。腾讯不仅把握住了用户的特质,还以此构建了可观的消费链。

慢慢地,腾讯在国内市场的占有率已经达到了 90%。到了 2004 年,腾讯成功地于香港上市,这次上市可以说是体现腾讯商业智慧的一个重要代表。腾讯的上市不仅让腾讯获得了更多的资本来开启自己的新业务,围绕QQ 占领更广阔的市场。而且这次上市还让腾讯重新整治了内部的运营管理结构,而合理的内部治理架构也让腾讯在今后的发展中披荆斩棘,加速了其扩张步伐。

2.3.3　娱乐帝国的根基

随着 QQ 的顺利发展壮大,QQ 成了中国互联网通信社交领域的代名词。借着 QQ 发展的态势,腾讯也迅速加快了自己互联网娱乐帝国建设的步伐。在腾讯娱乐帝国建设与繁荣的过程中也展现出了腾讯作为一家互联网公司的商业智慧和创新。对此,提起腾讯的创新时,也许很多人都会不屑一顾,认为腾讯就只会抄袭。对于这样的观点作者想问,一家生于草莽中的公司是如何只靠抄袭做到现在一家价值千亿美元公司的呢?可能在腾讯的发展过程中,确实有一些借鉴,但社会的发展不都是在前人的创新上再创新而推动社会进步的吗?如果一味地去把一件很成熟的事再做一遍只会停滞不前。能作为当前中国互联网的三巨头之一,很显然腾讯不会一味重复而止步当前。

首先,腾讯在娱乐帝国的建设上做的第一件事情,便是利用 QQ 平台以捆绑的方式,向庞大的用户群推广自己的产品,扩展自己的互联网娱乐市场。腾讯将自己开发的所有产品都以捆绑 QQ 的方式向用户推广,包括 QZone (QQ 空间)、QQ 音乐、QQ 游戏等。可以说腾讯利用 QQ 这块法宝,滋养了其大部分的业务:QZone 一举成为当时最受欢迎的虚拟交友社区;人们使用 QQ 音乐来接触互联网上的音乐资源;QQ 农场游戏中的偷菜成为了大家日常生活中的一部分。当然还有最具推广色彩的 QQ 新闻弹窗,这看似小小的弹窗却威力无限,顺利地帮助腾讯的新闻门户挤入了门户网站前三甲。

由此,腾讯成功地利用了 QQ 平台积累的用户量扩展了自己的互联网娱乐市场,完成了自己娱乐帝国雏形的搭建。也许这一点算不上创新,但至少是腾讯整个发展进程中成功决策和商业智慧的体现。其实早在腾讯之前,国外就有微软公司利用自己的 Windows 操作系统以捆绑方式来推广自己的 IE 浏览器并取得成功的先例。这种利用已有优势来发展自身的商业思维是很正常的。早期的 QQ 平台并不是类似于国外 Facebook 等开放平台,QQ 平台推广的都是腾讯公司内部自己的产品,对于发展初期的腾讯来说锁住了用户就锁住了利润。用户是很宝贵的资源,而恰恰腾讯拥有的就是用户,用户对于腾讯来说意味着生存空间。所以锁住用户可以说是推进腾讯发展的理智决定。

腾讯娱乐帝国后期的繁荣,不得不说的就是其娱乐业务的领头羊——腾讯游戏(见图 2-6)。一直以来,游戏就是腾讯互联网娱乐发展的主线。随着腾讯游戏业务的壮大,腾讯的互联网娱乐帝国也走上了繁荣之路。

图 2-6　腾讯游戏

在腾讯游戏从小到大的发展过程中,QQ 这个平台对于腾讯游戏早期的推广起到关键作用。其实游戏作为娱乐的一大主题,却还丝毫没有被涉足,这对于想要建设娱乐帝国的腾讯来说简直就像是一根鱼刺卡在心头。于是经过管理层的讨论后,腾讯决定进军游戏领域。最开始腾讯选择代理韩国 3D 大型游戏《凯旋》,但是由于游戏本身不够成熟以及刚开始腾讯也缺少大型游戏的运营经验,导致《凯旋》并没有获得成功。

总结经验教训后,腾讯改变了策略,决定在游戏业务的初期依然利用自己 QQ 用户群的优势来发展。后来,腾讯推出了自主研发的、以 QQ 棋牌游戏为主的休闲游戏——《QQ 堂》。这款游戏的玩家直接使用 QQ 号就能登录玩游戏,腾讯利用 QQ 平台的用户优势很好地实现了网聊与游戏娱乐的结合。《QQ 堂》取得一定成绩之后,腾讯趁热打铁推出了更多以 QQ 作为依托的游戏——《QQ 麻将》、《QQ 斗地主》等。当时的联众游戏可谓一枝独秀,掌握了中国在线棋牌类等休闲游戏市场的命脉。但是渐渐地,借着 QQ 平台的优势腾讯顺利地抢占了游戏市场,而原先的游戏巨头联众也只能黯然落幕。

抢占休闲游戏市场平台后,随着在游戏领域经验的增长,腾讯开始把矛头指向了大型网络游戏。当时的盛大公司是网络游戏的最大巨头,早在2001年,盛大公司借着当时最热门的网络游戏《传奇》在中国游戏领域就已占尽风头。另外,网易公司2003年凭借着自主研发的网络游戏——《梦幻西游》,也已经在网络游戏领域火爆一时。腾讯意识到需要加快自己的步伐,2005年腾讯第一款大型网络游戏《QQ幻想》上线,2007年又相继上线了另一款游戏——《QQ三国》。QQ平台的用户优势依然在这些游戏的推广中扮演了重要的角色。当时用户可以使用QQ号码登录游戏,玩家可以边玩游戏边交流,因此获得了许多游戏玩家的好评。由此,腾讯又一次凭借着自己QQ用户的优势在与对手竞争过程中获得了市场。

　　如果说腾讯在进入游戏市场的早期是凭借着自己QQ平台用户的优势顺利在中国游戏市场分得了一杯羹,那么随着游戏玩家对游戏画面、游戏体验要求的不断提高,仅仅利用QQ平台的用户优势是远不足以锁住用户的。腾讯敏锐地察觉到了变化,迅速地做出适合第二阶段发展的战略调整,确定了做"精品游戏"的目标。在此期间,腾讯在自主研发游戏过程中十分注意所研发游戏的每一个细节,力求提高用户体验来保证市场。与此同时腾讯还与优秀的第三方游戏开发商合作,战略投资优秀的游戏开发商,以此来丰富游戏的产品类别。正是这些调整帮助腾讯游戏持续发展壮大。2008年腾讯完成全新战略调整后推出了《QQ飞车》、《QQ炫舞》两款游戏,这两款游戏凭借着不错的游戏体验为腾讯创造了百万人同时在线的骄人战绩。另外,腾讯为了获得更大的游戏市场空间,还同时走上了游戏代理运营之路,先后代理了《地下城与勇士》、《穿越火线》两款游戏。这两款游戏虽然本身并不算绝对经典,但是在腾讯自身本着做"精品游戏"目标的优化与腾讯强大平台的支撑下,游戏本身的体验和互动娱乐性有了很大提升,最终这两款游戏也取得了巨大的成功。

　　到了2011年,腾讯战略代理了美国拳头游戏开发公司(后期被腾讯收购为全资子公司)推出的、如今市场上最为火爆的大型网络游戏——《英雄联盟》。在这款游戏的带领下,整个腾讯的游戏市场也迸发出全新的生命力,腾讯的互联网娱乐帝国越发显现出一片繁荣景象。

随着移动互联网的到来,腾讯游戏自 2013 年开始在移动端也有了自己的动作。利用移动端的 QQ 和微信客户端,腾讯向庞大的用户群推出了诸如《天天酷跑》《天天爱消除》的天天系列游戏,诸如《全民炫舞》《全民英雄》的全民系列游戏等。伴随着腾讯"精品游戏"的目标,这些集操作简单、趣味性强于一身的移动端精品游戏也获得了大量用户的喜爱,为腾讯游戏在移动互联网转型中占得了先机。随着 2014 年腾讯游戏市场的销售额达到 72.11 亿美元,腾讯在整个中国游戏市场的市场份额已经占到了 51.43%,这也说明腾讯娱乐帝国的强大。

2.3.4　微信之志

腾讯目前作为一个价值千亿美元的互联网公司,依然能够在当前移动互联网的趋势下保持鼎盛,能够在可预见的未来持续占据主动,这与它手中的一件法宝——微信是分不开的。微信作为一个智能手机普及潮流下的移动端即时通信工具,已经悄然地融入了几乎所有人的生活中。它作为一款从 QQ 身旁发展壮大起来的应用,不仅改变了人们的日常生活娱乐、通信方式,而且也给腾讯在当下和未来的发展带来了无限可能。下面就让我们通过微信来"窥探"一下这个互联网娱乐帝国的未来。

可以说微信的出现见证了一个时代的变革和商业模式的变迁。在微信推出以前就有一个可以用流量来发信息的工具——飞信。而随着移动互联网、智能终端时代的到来,飞信却没有做出适应时代的改变,从此走上了下坡路。糟糕的用户体验让许多用户从此丢弃了飞信。而就在这时,腾讯出色的执行力为微信的成功起到了关键作用。所谓该出手时就出手,目光敏锐的腾讯适时地抓住了这个机会,于 2011 年推出微信客户端,做起了移动智能互联时代的即时通信工具。微信的出色表现也给飞信重重一击,微信这匹黑马凭借着极高的用户体验替代了飞信,顺着移动互联网的浪潮成为了移动终端即时通信的霸主。

微信的产品经理张小龙说:"微信很好用是用户选择微信的最重要理由,一切从用户的角度出发,不盲从意识的潮流,不追求大而全的功能点,我们是从用户的角度出发,摒弃了华而不实的功能,完善细节,不断创新,才成就了今天的微信。"这表面上看来似乎很堂皇,其实仔细一想,微信的成功也确实就是这么个简单的道理。自这个世界诞生以来,规则本来就是简单的,如果我们能把一件简单的事情做到极致必然成为胜者。不论未来如何,至少微信初始时作为一款互联网即时通信软件,它极简化的产品设计思路是值得肯定的。

微信从即时通信出发以社交关系链构建了一个庞大的消费者用户群体。据统计,截至 2015 年第一季度末,微信每月的活动用户已经达到了 5.49 亿。中国上下几亿人每天都在利用这个移动的"朋友圈"交际的同时,也在接触各式各样来自朋友、微信营销商等的信息,微信已经发展成为用户在移动端的重要信息接入口。微信对于腾讯来说是一个新的开始,对于整个中国互联网来说也是一个"可怕"的未来。

首先从微信支付开始说起,随着滴滴补贴和红包大战的发生,微信支付渐渐地进入了人们的生活。微信支付对于腾讯未来打造微信来说是一步至关重要的棋。想想如果腾讯没有微信支付,那么不管是把微信描绘成未来将拍拍网、QQ 团购等整合到其中,发展移动电商的完美蓝图,还是说将微信刻画成未来出行、娱乐等第三方应用接入的垂直平台都无济于事。没有移动的线上支付,所有的网上交易都不可能便捷地完成。可想而知腾讯在打造微信未来发展线路上,其思路和步骤都是极为清晰的。我想这也是腾讯能够发展成为中国互联网三巨头之一,并保持它"常青树"状态的一点原因所在吧。

接下来,让我们来看看微信公众号带来的机遇。微信公众号想必是大家在利用微信通信社交闲暇之余接触大量各种领域不同信息的重要来源,而这也正是微信"可怕"的一点。商家通过微信公众号向用户展示自己的"产品",这里的产品是一个很宽泛的概念,可以是具体的商品,也可以是生活服务等。而且商家还可以根据用户回馈的信息来改变自己的产品方案,使自己的产品更好地贴合用户的需求。可想而知,就目前大多数运营较好的商家微信公众号来说,回馈的信息量都是很可观的。说了这么多,其实这背后最大的受益者还是腾讯本身。此类公众号的成功将大大促进腾讯以微信为基础的移动电子商务和O2O业务的布局进程。试想一下,如果微信通过公众号的方式推出了电商平台或O2O服务平台,这些平台通过微信的强大影响力势必会给行业造成巨大影响。当然微信公众平台只是这个大型布局中的一环,微信也可以将之前提到的拍拍网、QQ团购等进行整合。

最后,作者来说说"微信将成为第三方应用插件接入的垂直应用平台"这个热门的话题。微信如今正在向一个巨型的 App 发展,别的应用能做到的,微信能做到;别的应用做不到的,微信也能做到。将各种旅游出行、游戏、视频娱乐、用户理财、购物等众多应用功能集成到微信中后,无疑为用户构建了一个一站式的服务平台。用户有任何的需求,微信都可以满足。外出吃饭可以用微信选择餐厅,看电影可以用微信预订电影票,可以用微信支付充电话费,甚至是涉及更贴近家庭生活的缴水电费、医院挂号等在未来都是可以考虑用微信来解决的。到了那时候微信将不再只是一款应用,微信将成为一种移动的生活方式融入到每个人的生活中。可想而知如果真是这样,微信将成为腾讯的杀手锏,一招足以制敌。而这也是微信对于整个中国互联网来说最为"可怕"的地方。

由以上分析可见,随着移动互联网的到来,微信潜在的商业价值是无可估量的,而这也正是腾讯能够轻松面对移动互联网转型的关键所在。就目前发展形势而言,对于择业者若能够融入到微信团队之中绝对是一个不错的选择。很多时候也许吸引我们的不只是微信这款软件,更多的是这支团队中的产品思路和理念。

通过微信似乎让我们看到了腾讯在未来发展的方向和希望。腾讯在移动互联网的浪潮下利用不一样的即时通信又一次地抓住了机会,把握住了进入移动互联网时代剧场的门票。有了微信这把利剑,腾讯也迅速地在其他方面做出迎接移动互联网挑战的动作。例如,之前提到的游戏娱乐领域,随着移动互联网的到来,腾讯也做出了全新的游戏战略调整。基于"精品游戏"的游戏理念的推动,腾讯游戏已经在移动端推出了多款游戏,受到人们广泛好评,取得新的突破。这使得整个腾讯以游戏为领头羊的互联网娱乐帝国地位已经变得不可撼动了。

这些年来在推进上层业务发展的同时,腾讯也在不断地加强基础设施的建设。其中腾讯云作为腾讯上层业务的支撑,这些年的发展最为迅速。从2015年腾讯云制定的包括游戏、视频、移动应用、建站、金融、智能硬件这六类行业战略布局来看,腾讯已经信心满满地为上层业务做好了充足的准备。由此看来,虽然我们目前不能完全地判断出腾讯未来将走向何方,但是腾讯围绕着微信能够再有哪些创新是值得我们期待的。

结束语

经过多年的市场深耕,BAT在国内的发展确实不可小觑,对于希望积累行业经验的读者来说或许是不错的选择,而三家公司在不同领域的跑马圈地也能够为创业者提供风投的来源和机会。虽说三家企业取得了不少成就,但并不意味着它们就不可颠覆。2016年5月9日,百度市值在收市之际跌至 592 亿美元，低于另一家互联网巨头蚂蚁金服在上轮融资时的 600 亿美元估值。有人说，中国的互联网三巨头已经从 BAT 变成了 ATM。对此作者不敢断言，但作者相信无论对企业还是个人来说，保持敏锐、敢于突破自己的现有优势并在别的领域有所创新或许才能使其在激烈的市场竞争中永葆活力。

第3章　下一个是谁

在 BAT 三分互联网天下的年代,也涌现了出一些准巨头公司。它们在这场不间断的纷争当中建功立业,争取坐上互联网领域的第四把交椅。那么,下一个能与 BAT 并驾齐驱的企业将会是谁? 读者们或许可以从下面的故事中找到答案。

3.1　为发烧而生的小米

2011 年 12 月 18 日,小米手机 1 第一次正式通过网络售卖,并在 5 分钟内将 30 万台手机售罄。2014 年,小米超越三星成为国内市场占有率最高的智能手机。截至 2014 年 12 月,小米市值接近 450 亿美元,四年增长了 180 倍,成为当时市值仅次于百度、阿里巴巴、腾讯的互联网公司。短短五年,小米完成了其他公司三十年的发展目标。虽然在公司历史与文化底蕴方面还无法跟三星、苹果和华为等公司相提并论,但其在发展速度上所创造的互联网神话几乎已经人尽皆知。这一成功,与其幕后功臣雷军对互联网思维的摸索密不可分。

3.1.1 小米的互联网思维

雷军毕业于武汉大学计算机专业,早年的求学与创业经历使其在加盟金山后很快便成为公司的灵魂人物。金山也从初创时的小作坊发展为具有国际影响力的上市公司。在取得成功后,雷军急流勇退辞去了金山 CEO 职务,迅速蜕变成一名天使投资人。他先后投资了 20 多家公司,其中不乏业界知名的卓越网、好大夫、UCWeb、凡客诚品等。这不仅使他收获了丰厚的资金回报,也让他能敏锐地感知互联网的发展动向,更为他日后的创业积聚了动力。

2009 年,目睹自己的"小字辈"李彦宏等人已在互联网行业发展得风生水起,正值"四十不惑"的雷军开始感慨自己没能抓住 1999 年的互联网大潮。于是在 2010 年——功能手机转变和移动互联网爆发的大潮年,雷军决定抓住第二次互联网的浪潮,创造一份真正属于自己的事业——同年 4 月,小米科技有限责任公司(简称小米)在北京正式创立。2015 年 3 月 23 日,雷军登上了美国《时代周刊》,被评为 China's Phone King——中国手机之王。

纵观小米迅速崛起的这几年,整个智能手机行业在硬件方面的净利润已呈持续下跌之势,而国内又早已有老牌手机厂商 HTC、OPPO、苹果、三星等深耕多年。那么小米是如何在如此强大的竞争环境下脱颖而出的呢?在作者看来,小米快速成功主要取决于高性价比的手机、发烧友的粉丝定位和出色的营销手段这三大法宝。

雷军认为所谓的互联网思维,首先得落在产品上,最好的产品就是最好的营销。现在的互联网用户都喜欢高配置、低价格的设备,小米主打高性价比的手机才是其公司成功最核心的因素。小米通过省去中转商和品牌广告来节约成本,进一步控制产品售价。通过这种方式,小米在保持相同性能的基础上,以远低于市场价来攻占手机市场,这才是小米迅速发展获得用户认可的真正原因。

值得一提的是,小米即使砍去了一切不必要成本,其卖手机硬件还是几乎不赚钱,甚至在赔钱。就拿小米2为例,小米2手机在处理器主频、摄像头像素、屏幕像素密度、内存、电池容量各项参数均优于三星 Galaxy S3、HTC One X 和魅族 MX 四核版,但小米2的售价却是它们售价的二分之一甚至更少。雷军声称小米2成本高达2350元,但其官网售价却只有1999元。如此定价是因为用户一般无法在小米手机刚发布就购到手机,更多的人往往过了三个月甚至半年才能买到同款手机。而电子产品更新升级极快,因此历经几个月后到达用户手上的手机其实已经不值当初的售价了。从另一个角度降低了小米的成本,且对用户基本没有造成负面影响。

雷军将小米手机的用户定位于中低端的手机发烧友,即对手机的配置有一定了解、对性价比有很高追求的人。这群人往往是人群中手机相关问题的意见领袖,很多人买手机会咨询他们的意见。因此,这样的粉丝定位在很大程度上帮助小米手机提升了口碑。同时,小米还发放一定的权限给发烧友,根据发烧友的需求设计相关产品,资深的发烧友可以直接进入小米产品的决策层,提前试用未公布的开发版手机,对新的系统进行评价鉴别,甚至有否决新版的权利。如 MIUI(米柚)通过发烧友来征集用户对系统的高度订制化需求,从论坛上收集用户反馈,将其可取之处作为新的功能加入系统里并修复系统的不足之处,使产品做得更加完美,从而满足大量小米潜在用户的需求。这也是小米手机在每次销售前口碑良好,最终热卖的主要原因。

2013年央视年度经济人物颁奖典礼上,马云称小米成功的核心就是营销。从前期预热吊人胃口,再召开类似苹果公司的高调发布会来赚足众媒体和粉丝的眼球,小米在营销模式上可谓是下足了工夫。在正式版尚未开始销售时,小米通常会以秒杀的形式出售工程机,并采用积分策略,让经常关注小米手机、混迹小米论坛的手机发烧友有提前购买的资格,这样的营销模式使得更多用户好奇心激增,从而大大提高购买欲。微博营销则是小米提高粉丝关注度的又一大策略,在小米手机发布之前,策划人员通过微博互动来引起用户对小米手机的兴趣,在产品发布后又通过"发微博送手机"、"分享小米手机评测图文"等活动来提升用户对小米手机的关注程度。然而,上述种种都只是为其"饥饿式营销"做铺垫。由于手机限量发售,市场往往供不应求,利用消费者"得不到的才是最好的"心理,小米通过降低产量来制造一种供不应求的"假象",在维持商品较高售价的同时,也维护了品牌形象。

　　小米以互联网思维做手机,使公司销售量和估值迅猛上涨。如图 3-1(a)所示,小米手机的销售量和销售额从 2012—2014 年持稳步增长,2014 年上半年手机销量远远超过前两年销量的总和,霸占国内手机销售榜第一位,世界手机销售榜第三位,仅次于苹果和三星。其融资与估值情况也同样可观。如图 3-1(b)所示,其在 2010 年刚起步时估值 2.5 亿美元,2014 年估值达 450 亿美元,相较于 2010 年提升了 180 倍,谱写了互联网领域的奇迹,实在令人叹服!

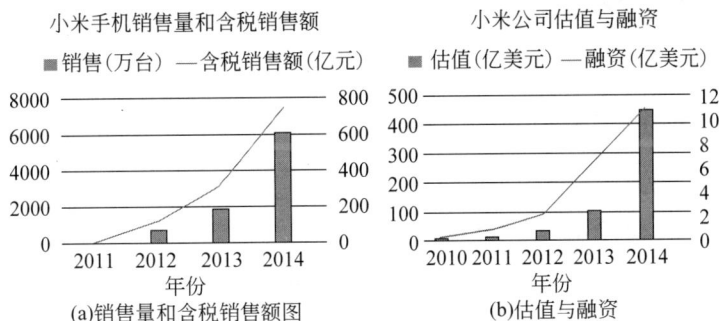

图 3-1　小米手机的销量和估值

3.1.2　小米的征途,是星辰大海

从 2014—2015 年上半年以来,小米手机销售已经趋近于一个平稳状态,国内的市场趋于饱和,年出货量"红线"将稳定在 8000 万台左右。高速的销量增长已经几乎趋于尾声。美国《华尔街日报》2014 年披露的文件显示:"2013 年小米高达 94％的营收源自手机销售,而服务类产品的占比只有区区 1％。"作者在前面曾提过,卖手机硬件是赔本赚吆喝,基本不赚钱。而互联网服务才是一个公司真正赢利的地方,小米不希望成为"中国的诺基亚或摩托罗拉",而是成为"带有谷歌元素的亚马逊",不靠销售硬件来赚钱。那么小米怎么做才能保持自己在资本市场中的强势地位呢?

可以发现,从 2014 年起,小米通过构建云服务、米柚系统、小米游戏、小米金融四大互联网应用,将触角伸向移动安全、新媒体、电商、手游等多个服务领域,从而打造其内容生态圈。同时,小米也在积极布局智能硬件生态圈,从小米手机发展到小米平板、小米路由器、小米电视,并以"手机、电视、路由器"为核心与构建其上的小米盒子、小米智能插座、小蚁智能摄像机、小米空气净化器、小米手环、智能灯、智能血压计等形成闭环智能家居生态系统。例如,小米电视和小米盒子配合可播放本地或网络的 4K 超高清电影。这都是小米围绕"硬件＋软件＋服务"打造统一化智能生态平台的布局,从而实现其"连接一切"的未来目标。

但仅有这一切还远远不够。2015 年 10 月 14 日,雷军在联合国获得亚洲协会颁发的"Asia Game Changer Awards"(后译作"亚洲创变者")奖项后发文称"我们的征途是星辰大海",意指小米的下一步战略是进军国际市场。在继成功进军新加坡、印度、马来西亚等 7 个国家后,小米还将在俄罗斯、土耳其、巴西、非洲等地区打开市场,获取更大的市场份额。然而,由于小米纯粹

依靠互联网思维做手机,严重缺乏技术创新和专利积累,因而在"走出去"的过程中也困难重重。如在印度,瑞典爱立信公司就已经提出专利控诉,指控小米涉嫌侵犯标准关键专利,迫使小米手机遭到停售。在竞争愈加激烈的国际化市场中,或许小米应该更加注重自主创新才能走得更加长远,在国际上占有一席之地。

3.2　电商的逆袭——京东

"您好,京东商城的快递!"在京东商城下单后不到一两天,人们就会收到京东快递小哥的电话。相比于当当网、卓越网等其他 B2C 网站,京东商城比它们晚成立 10 年左右,而如今却完全依靠自我突破,成为 B2C 自营领域行业的老大。京东的成功并不是偶然的,刘强东引导着它在电商领域走的每一步都非常扎实。

3.2.1　互联网大潮的诱惑

刘强东儿时贫困的家庭环境磨砺出他一种"打不死的小强"的坚韧性格。他在大学时曾没日没夜地帮人抄 3 分钱一张的信封,曾从外面以二五折价格批发书本然后推销到各个宿舍和写字楼,还曾学习编程开始承接社会上的项目来赚取大大小小数额的钱。从中国人民大学社会学专业毕业后,刘强东开始闯荡"中国硅谷"——中关村,在这里盘下档口开办"京东"公司。他在中关村兢兢业业卖刻录机且只卖正品、开正规发票,这种做法在假货横流的中关村非常难得。凭借良好的口碑,他三年积累下 1200 万元,垄断中关村刻录机市场 80％的份额。

1998—1999 年,电子商务的概念兴起——马云创建中国第一家 B2B 网站阿里巴巴,邵亦波成立 C2C 网站易趣网,李国庆成立 B2C 网站当当网,雷军创立 B2C 网站卓越网……在互联网大潮面前,刘强东感受到电子商务发展的前景。2000 年年初,他开始研究亚马逊、eBay 等主要电子商务网站,认为京东在网上销售硬件产品会大有前途。于是他开始招聘技术人员开发"京东商城"程序,着手准备筹建自己的网店。同年,当当网现金流量由负转正继续抢占市场,马云确立 B2B 市场领先地位后开始杀入 C2C 市场创建淘宝网挑战 eBay。在电子商务如此火热的大潮前,刘强东更加坚信自己创业的道路,即把"京东"从 IT 连锁店铺的传统企业变成只在网上做生意的 3C(即计算机、通信和消费类电子产品三者结合,亦称"信息家电")网络商城。2007年 6 月,京东商城(www.360buy.com)正式成立,以崭新的姿态屹立于国内 B2C 市场。

3.2.2 决胜 B2C 的秘密武器

现如今,国内 B2C 阵营愈发凸显,依靠阿里巴巴基因的天猫商城和京东两家独大,位列第一梯队,苏宁易购、卓越网、当当网、唯品会、1 号店等位于第二、三梯队。根据 Hitwise 统计,2014 年京东的用户访问流量一直在增长,5 月份超过同在第一梯队的天猫,成为国内 B2C 流量最大网站。来自艾瑞咨询的统计显示,2015 年第一季度京东在自营式 B2C 市场上的份额超过了 56％,稳坐国内头把交椅。京东的增长速度惊人且不疲软,连续多年保持三倍于整个电商行业的增长速度。这不禁让人发问,为何京东能够在如此激烈的竞争环境中生存下来并且脱颖而出的呢?作者认为,京东崛起主要有以下 4 个原因:品质保障、成本控制、垂直 B2C 和物流系统。

一提起京东,大家第一反应可能就是品质保障。京东商城只做正品最主要与刘强东的性格有关。他早年在假货横行的中关村开店时只卖正品,虽然净利润比较低,但因此赢得了良好的口碑和客户的信任。因此,在线化的京东商城也一直沿用以前的模式,对假货采取零容忍态度,通过对产品进行抽检、收集用户反馈、与卖家签订处罚条例、鼓励用户举报等措施进一步提高商品的品质。在双十一时,京东曾进行为期一周的"放心买"现场质量检测活动和"品质险"为用户筛选出优质的产品,为用户能购买到优质的产品花费了很大的工夫。也正是对商品质量的重视,用户二次购买的比率非常高,这也大大提升了京东的品牌影响力。

都说互联网时代价格是无往不利之器,只要网站提供的商品价格低,就容易吸引用户的眼球。为了提供有竞争力的低价格,京东就需要严格地缩减公司的成本。众所周知,网上零售没有店面租金,没有产品折旧,没有额外销售开支,因此相比线下连锁模式有非常显著的成本优势。另外,刘强东在公司管理方面有很强的成本意识,把节约的概念落实到非常细致的方面,他曾苛刻地规定店面开灯时间来节省电量。此外,他还通过回收装货的纸箱后定期卖出减少成本的投入,增加快递员送货量降低运营成本等方式将供应链成本尽可能降低。

正是因为如此,京东商城的成本费用率(=费用总额/销售收入总额)降到个位数,比其他店商都有较大的成本优势。如与同样将 3C 和家电作为主营业务的企业国美和苏宁相比,京东综合运营的成本大概只是相当于它们的一半,这就是京东公司所拥有的最核心的竞争优势,换而言之,其他公司每销售 100 元就需要付出 15 元的成本费,而京东每销售 100 元只需付出 8 元的成本费,谁有竞争优势则一目了然。面对用户,京东制定价格从不会参考同行价格,目标不是比其他公司稍微低几元来获取微弱竞争优势,而是直接在采购价基础上加上 5% 毛利,这个价格比 3C 实体渠道之王国美、苏宁便宜

10%~20%,比厂商指导价格便宜10%~30%。这种方式让用户获得了更大的优惠,用户也更愿意在京东上购买产品。

垂直B2C能让京东在刚迈入电商领域时站稳脚跟。京东在观察市场、精准定位后发现,如今互联网用户主要集中于20~35岁的青年人,他们同时也是3C电子产品的主要消费者。因此,京东在最初进入市场时主要以3C产品为切入点,做垂直的B2C。垂直B2C合作对象就相对比较单一,京东只需要跟特定产品供应商合作就可以满足广大消费者对该类产品的需求。这样在资源整合、业务管理方面都会相对轻松,此外还能让客户提取的标签更细,带来更快的响应,更低的成本和更高效的个性化服务。这样既能"做得专"又能"做得好"。京东有先做强再做大的野心,初始时在3C领域做到极致,提高用户黏性,"俘获人心"后,再开始推广做其他产品,从而获取更多的用户。现如今京东不仅在3C领域占据近六成的网上市场份额,而且在日用百货、超市食品业、母婴用品、服装、图书、家具家居等领域也在逐步展现后起之势。短短三年多时间里,京东用户就翻了10倍,从1000万增长到1亿,而且用户数量的增长又为其和其他厂商提供了更宽广的合作空间。

众所周知,京东商城的自营式物流深受好评。相比于通过第三方配送公司(如顺丰、圆通快递等)将商品送到顾客手上,京东的自营式物流使用户在京东上购买的物品都是由其专属快递送达。这不仅大大缩短了商品的配送时间,还保障了商品质量(对比见表3-1)。目前,京东已经有近1000个配送站,300个自提点,覆盖全国1000多个区县,并推出了限时达、次日达、夜间配送、3小时极速达等优质物流配送服务,把物流差异化优势提升到了同类电商公司短时间内无法企及的高度,这也成为了京东商城一个比较核心的竞争力。京东的下一步目标是渠道下沉,将极速物流服务渗透至三四线城市,并与线下零售商合作探索"最后一公里"模式,为用户提供更优质的服务。这或许将成为京东的下一个机会。

表 3-1　天猫商城和京东商城物流运作模式比较

	运作模式	所属类型	优　　点	缺　　点
天猫商城	第三方物流	平台化经营模式	减少物流运作的前期投入成本,减少人力物力等固定资产成本	物流配送基础设施不完善、无法对第三方物流公司进行实时监控,服务质量无法保证、物流配送成本高、物流配送相关法规和体制不健全
京东商城	自营式物流为主	垂直化经营模式	将物流运输掌握在自己手中,保证运输服务质量和效率、加快资金链运转效率、保持企业竞争力	前期建设自营物流的前期投入成本较大,风险较高

3.3　免费为王的 360

当你重装计算机系统时,你或许会优先考虑用 360 软件管家下载基础软件;当你查杀病毒、清理磁盘时,你或许会用 360 安全卫士来进行维护工作;当你上网搜索资料时,你或许会不由自主地使用 360 安全浏览器。如今,360几乎已覆盖了每个人的计算机、手机。当被问及为何使用 360 公司的产品,绝大部分的用户会毫不犹豫地回答:"免费"。其创始人周鸿祎就曾强调过:"互联网经济是免费的经济,免费将是以后互联网的新时代。"而 360 就是依靠免费的基础安全服务,击败了金山、瑞星、江民等杀毒软件,成为安全领域的帝王。

3.3.1　"反派人物"的转变

从西安交通大学计算机专业毕业后的周鸿祎曾就职于北大方正集团,由于刺头儿的性格与其他同事相处不够融洽,后期被分配到新疆。他认为在北大方正集团的几年工作经历是他创业的一个初始阶段:学习创业,学会了为人处世。1998年年底,才华横溢的刺头儿决定辞职创业,于10月份推出中文上网服务——3721"网络实名"。3721在当时对于不熟悉英文的国人来说是非常方便实用的,用户无须记忆复杂的域名,只需要在导航条中直接输入中文,就能直接到达相关网站。由于当时没有资金进行推广宣传,周鸿祎就用浏览器地址栏插件的方式来推广——用户打开网页时,3721插件就自动安装进用户的计算机。

3721在市场上迅速传播开后,开始受到CNNIC(China Internet Network Information Center,中国互联网络信息中心)、百度的挑战,各家公司为争夺用户数量,在相互卸载对方的同时不断加强抗卸载能力。3721在这一恶性竞争中最终胜出,成为最难卸载的软件,甚至连用户在卸载3721时它还会尝试进行交叉修复,根本无法将其完全卸载。这在促成3721快速普及的同时,也使得3721成为"流氓软件"的代表。据相关媒体报道,2003年全国网民仅有8600万,3721装机量超过7000万台,用户占有率超过80%,地址栏搜索的使用量高达日均超过3000万人次,在全国拥有近4000家渠道合作伙伴,该年销售额达2亿元,净利润达到6000万元。

3721的高额利润使其在业内受到很多计算机爱好者的争相模仿。当时,类似于3721的公司达到了几百上千家,而且都有一个相同之处,在用户浏览网页时,这些软件被偷偷地被安装进用户计算机,且难以被卸载,如8848搜索助手、网络猪、易趣购物按钮等。后来这些跟风者愈演愈烈,逐渐走向一个极端,它们不注重向用户提供有实际价值的实惠功能,而是强行弹出黄色广告,甚至跟其他正常软件产生冲突,这种行为逐渐招到用户的厌恶。由于周鸿祎是"流氓软件"的初创者,他很快便成为众矢之的。即使在3721名存实亡之后,周鸿祎也一直背负着3721的恶名。为了洗清恶名,他开始创

立奇虎公司,推出 360 安全卫士专门用于扫除安装在用户计算机上的一切
"恶评软件",并指导用户将其卸载,为自己洗清冤屈。

3.3.2　免费带来的收获

就在用户非常迫切希望能有一款软件帮助他们来清理这些垃圾软件时,
360 安全卫士的出现给他们带来了曙光。360 安全卫士一经推出,立即受到
那些被数以千计"流氓软件"严重骚扰用户的拥戴,在其刚刚发布两个月就有
超过 600 万用户下载,每天卸载的"恶评软件"高达 100 多万。两年后,奇虎
360 拥有 1.6 亿的用户量,用户占有量超过 60%,每日活跃用户数达 3000
万,当之无愧地成为安全市场占有率第一的个人网络安全软件。

相比于 1996 年年底出现的江民杀毒软件、1998 年推出的瑞星杀毒软件
以及 1999 年推出的金山毒霸杀毒软件,2006 年推出的 360 安全卫士能迅速
地占据了用户流量,不仅是当时形势所趋,更与它主打免费的策略密不可分。
奇虎 360(简称 360)提供安全服务就像搜索、电子邮箱、聊天工具一样作为基
础服务免费提供给用户,这样才会有更多的用户使用量。他们不想变成一家
像瑞星一样以提供杀毒软件作为主要赢利点的公司,而要做一家安全互联网
公司。在周鸿祎看来:"所有那些著名的互联网公司,给网民提供的基础服
务都是免费的,所以 360 提供的基础服务也就是安全服务也会坚持免费。
360 安全服务做得越好,用户会越多,这样 360 自然可以在保障用户利益的
前提下合理地赚钱。"

要面包还是要未来? 他们亦然选择了未来,转型成为一家互联网公司,
坚持提供免费的安全服务,并取消所有的广告。截至 2014 年 12 月,360 PC
端月活跃用户数到达 5.09 亿,用户渗透率为 96.1%;360 移动端安全管家用
户总数达 7.44 亿人,创下历史最高纪录;360 安全浏览器月活跃用户数 3.61

亿人,用户渗透率为 68.1%,在国产浏览器中处于领先地位。2015 年 360 估值达到了近百亿美元,在中国互联网协会、工业和信息化部信息中心发布的 2015 年"中国互联网企 100 强"排行榜高居第 5 名,并连续 3 年排进前十名。

　　拥有了庞大的用户量后,360 发展其他建立在安全服务之上的产业链也容易许多。在提供 Free(免费)的基础服务之上建立 Premium(增值服务)便构成了 360 的商业模式——Freemium(见图 3-2)。

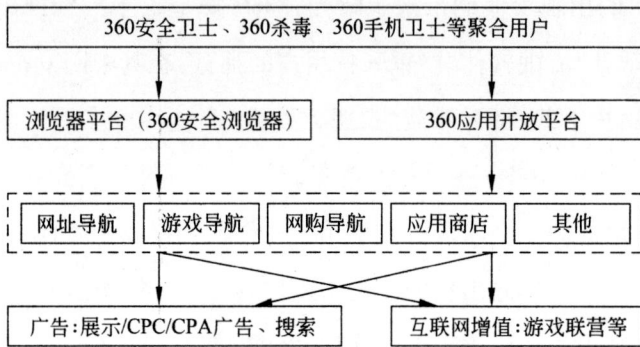

图 3-2　奇虎 360 的商业模式

　　这种 Freemium 商业模式共分为四层。第一层为核心免费产品服务层,主要是 360 安全卫士等最初赖以起家的产品,以此来引入与稳固 360 庞大的用户群。第二层为浏览器和应用开放两大基础平台,360 将第一层用户导入这两大平台来提供服务搜索和应用下载服务。第三层为细分服务层,在依托于浏览器和应用两大平台基础上,360 提供网址导航、游戏导航、团购导航、应用商店等服务。第四层为最终赢利变现层,360 主要就是通过提供广告和互联网增值服务实现赢利。

　　360 最大的赢利渠道来自浏览器平台和应用商店平台,具体而言,360 浏览器通过提供安全的浏览服务成为国内用户数仅次于 IE 的浏览器,360 搜索也成为仅次于百度的全国第二大搜索引擎,这么庞大的用户量必然会引起其他服务厂商的投资兴趣。因此,360 就可以通过类似于百度的赢利方式,收取搜索排名广告费、搜索引擎支付的流量以及游戏联营得到的分成进行赢利。此外,在 360 应用商店为用户提供免费软件的同时会向商家收取一定的费用,这也是 360 主要的赢利方式之一。用户进入软件管家后,会在首页上看到热门应用和推荐应用,每个被推荐的应用会根据推荐位获取相当数额的展示推荐费。在用户点击应用下载后,会产生有效流量,360 不仅会通过点击数量进行收费,还会通过用户购买付费应用与应用开发者进行分成,总而言之,360 完成"展示-点击-分成"整个赢利模式链的搭建。

随着智能手机的市场占有率越来越高,通过移动端上网已成为用户最主要的上网方式。面对这一充满潜力的市场,360 在 2014 年 12 月与智能手机厂商酷派公司达成战略性合作,打造聚焦于移动智能设备的合资公司,以互联网为主要渠道推出"大神"品牌系列智能手机。360 希望能结合酷派在手机设计、制造领域的优势以及 360 在移动互联网领域的优势,强强联手,打造一个领先的移动互联网生态系统,向用户提供软硬件一体化的服务。360 也为酷派手机提供全套的互联网服务,每台酷派手机都会预装 360 安全卫士、云存储、移动搜索引擎等。另外,360 还把触角伸及智能家居领域,推出智键、随身 WiFi、儿童智能手表、安全路由器等多款智能硬件产品。360 基于一个非常庞大的用户群,不管做哪一方面都远比刚起步的公司容易得多,这也是提供免费的安全服务带来的回报。

360 公司总裁齐向东认为:"360 的未来不是最大的互联网'安全公司',而是要成为最大的安全'互联网公司',在安全基础之上建立互联网增值服务。"而现在 360 早已经不满足于和瑞星、金山等安全软件公司竞争,为了抢占国内互联网的市场,360 先后挑战百度、腾讯等互联网行业翘楚,虽然最终败诉,但从中我们可以看出 360 的野心不可小觑!

3.4 让世界害怕的华为帝国

提及华为,我们都不得不为其给人类生活所做的贡献而震撼——如果没有华为,西伯利亚人民就无法接收到外界的信号;如果没有华为,身处大城市的你下飞机后却无法立刻接通信号联系亲友;如果没有华为,高至 8 千米喜马拉雅珠峰的登山客、远至零下 40℃北极、南极的探险家们遇险时就无法找人求救。而如今,华为还在进一步壮大。2013 年华为超越爱立信,成为世界上最大的通信厂商,2014 年,华为进一步加大了领先优势,整体收入比全球第二大通信厂商和第三大通信厂商之和还要多,被跨国对手们视作"东方幽灵"。

3.4.1 华为为何这么强

任正非的家庭在"文革"期间生活艰难,但父亲叮嘱的一句"记住知识就是力量,别人不学,你要学,不要随大流"却深深地埋藏在了年轻时的任正非心里。在艰苦环境下,任正非坚持自学了计算机、数字技术、自动控制、外语课等课程,积淀了大量的知识。工作时,任正非进入军企完成了多项发明创造,也曾被派为代表参加科学大会。

虽然有过军方工作经验,但在通信行业任正非依然是一个门外汉。然而,任正非领导下的华为却一直在创造着奇迹——20 世纪 90 年代初期,华为在国内 400 多家通信制造类企业的竞争之中脱颖而出。目前华为已完全超越国际通信设备巨头爱立信、朗讯、诺基亚,成为全球最大的通信设备商

（见图 3-3）。此外，华为在 2014 年提前完成销售目标，年营收和年成长率分别达到 465 亿美元和 20.6%，整体营收与净利润创下华为史上最高点。2015 年华为在世界 500 强中排名第 228 位，成为排名最高的中国民营企业。华为的产品项目技术也非常先进，据中国台湾《工商时报》报道：现如今华为在移动核心网络（全球第二）、IP 路由器（全球第二）、WDM 系统（全球第二）、宽频接取方案（全球第一）、以太网路设备（全球第三）等均位居全球前三的位置，在全球市场拥有高度影响力。《财富》世界 500 强企业中唯一一家没有上市的百分百民营企业，却能够超越比它早 100 年成立的爱立信公司，成为世界最大的设备通信商，这依靠的是什么？我认为其成功的核心主要是创新、低价和逐渐培养的企业狼性文化。

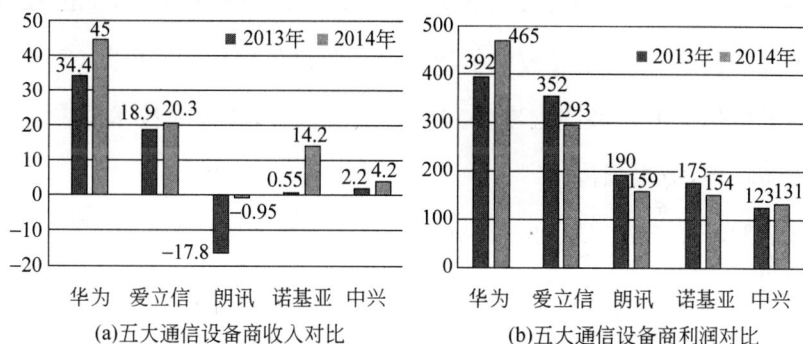

图 3-3　五大通信设备商收入和利润对比

创新是华为安家立命、脱颖而出最核心的竞争力。作为一家以技术为核心的科技企业，华为非常重视人才储备，往往以高薪、奖金和内部股票制度来招募优秀的科技人员。早在 1999 年，华为招人的起薪便是 5000 元，现在更是月薪上万元。据华为研发员工透露，工作三年以上的华为研发人员的收入都在 20 万元以上，表现好的员工还能拿到 1～3 万元的股票分红，外加半年工资的年终奖，而且科技人员占总体员工的一半以上。有了那么多的科技人员为公司卖命,华为的创新能力就更加强大,在 2015 年全球百强创新机构排行榜中它是中国大陆唯一的上榜公司。

此外,华为在研发方面的费用投入也非常大,据 21 世纪经济报道显示,2006—2015 年,联想累计投入的研发费用成本为 44 亿美元,而华为 2014 年投入的研发费用高达 66 亿美元,是联想 10 年投入研发费用总和的 1.5 倍。目前,华为拥有 3 万项专利技术,其中国际标准组织或欧美国家相关专利占四成,2014 年华为申请的专利数是世界第一,达到 3442 多件,这些都是高额的研发投入带来的回报,也是华为能够在世界市场上安身立命、逐渐壮大的根基。在研发芯片方面,华为是国内唯一一家自主研发芯片的企业,其所研发的海思麒麟 920 芯片理论下载速度高达 300Mbps,与 3G 相比快了 14 倍,比 LTE Cat4 快 2 倍。另外,据新领域方面权威咨询公司 Current Analysis 的调研报告显示,华为已经被电信运营商列为最佳软件定义网络(SDN)和网络功能虚拟化(NFV)解决方案供应商。总而言之,华为靠技术立身,在世界各地攻城略地,捷报频传。

低价策略是华为用来抢占市场的利器。早在 20 世纪 90 年代,华为在国际市场上面对着爱立信、朗讯、北电、西门子等竞争对手,在国内市场又面对着巨龙、大唐、中兴等具有国有研究所背景的企业。而华为作为一家纯粹的民营企业,既没有体制上的优势,也没有技术上的优势,只能依靠低廉的研发费生产低成本产品的方式在国内和国际地位上站住脚跟。早在十年前,西门子董事会内部报告表明:华为研发人员的人均年费用 2.5 万美元,而欧洲企业研发人员的人均年费用将近华为 6 倍,达到 15 万美元;华为研发人员的年均工作 2750 小时,更是欧洲研发人员的年均工作长度的两倍。因此,华为投入 1 元钱研发的东西欧洲公司需要投入 10 元钱才能做出来。低投入带来的必定是产品的成本优势,而同等技术下,便宜的价格又会在市场上更具优势。华为客户战略中就有一条:"不卖最贵,只卖最好;不仅低价,更为优质"。最经典的案例就是 2008 年中国电信 CDMA 招标,朗讯、加拿大北电和中兴报价都在 70~140 亿美元的范围内,而华为的报价让所有人大跌眼镜,7 亿元!这个价格仅仅是其他公司报价的十分之一甚至是二十分之一,被行业戏称为"裸奔价",但是即便如此低的价格,华为的利润依旧相当可观。

狼文化一词源自《狼图腾》,现被概括为观察敏锐、拼搏进取、团队至上的文化。华为公司就是依赖于这种独特的狼文化建立起了庞大而又高素质的团队,使得企业时刻充满活力。华为公司像狼一样嗅觉敏锐,有长远的预见和规划。例如,15 年前华为在俄罗斯成立数学研究所,这为华为 3G 技术企业网产品做出了突出的贡献。同时,华为公司还像狼一样有不屈不挠的进取精神。华为倡导"薇甘菊①战略",在极其苛刻的环境下,薇甘菊仅需极少水分和营养就可以迅速扩张,华为就是通过这样一种文化与市场战略在通信行业站稳脚跟并快速成长。此外,华为非常重视团队建设,在公司股权方面,任正非只占有华为股份的 1.4%,剩下的被 98.6%的员工占有,每个股东都会每年享受分红和股票增值利润。2010 年华为净利润达到 238 亿元,一个主管仅从股票中就可以获取高达 120 万元的分红。在这种持股激励制度下,哪个员工还会轻易地离开华为公司? 正是在这些狼文化的感染下,华为在市场上高歌猛进,不断创新,领先于其他通信厂商。

3.4.2　通信也能互联网

作为传统的通信领域巨头,如果单按照估值算,华为市值早已经超越百度,甚至还可以与腾讯和阿里巴巴有一拼。作者之所以把它放在这一章,是

---

① 薇甘菊:(Mikania Micrantha Kunth),菊科多年生草本植物,原产于南美洲和中美洲。薇甘菊的生长特点一是生长周期短,二是生长速度快,三是生命力强盛,四是侵略性极强。

主要针对华为在互联网领域的发展,并认为华为单在这一领域也有实力坐上互联网领域的第四把交椅。正如华为老总任正非所说:"我们也是互联网公司,是为互联网传递数据流量的管道做铁皮的……"说明华为也开始重视互联网的发展,也想在互联网领域打下自己的江山。

眼看小米公司以互联网模式进军传统制造业,短短 5 年便超越经营 30 多年的联想公司,跻身国内互联网公司巨头行列,具有强烈危机意识的华为,又怎会满足于原地踏步呢?华为也曾经尝试过互联网转型,成立互联网业务部,上线爱米网、爱米 live、移动搜索、天天动听等互联网项目。但是,这些项目毕竟与华为主业距离太远,盲目创新可能最终会导致公司失败。经过长时间的摸索后,华为自己摸索出了华为式"互联网＋"。

华为首先开始重视手机行业的发展。记得 2011 年的时候,华为这类传统的硬件厂商还对小米的模式嗤之以鼻,而如今在互联网模式和电商的双重夹击下,华为也开始逐渐从过去通过传统的手机代理商和运营商销售手机的方式,转变为利用互联网思维销售手机。它也学着小米利用粉丝经济和电商渠道快速传播和销售手机,每当出新品,它就开新品手机发布会,也在各大电商网站销售自己的品牌手机。任正非更加注重互联网颠覆式的想法,不盲目复制小米的受众定位,而是将手机定在中高端消费者的方向。在他看来,互联网没有改变事物本质,物品价格不是光便宜就能招来大量顾客。毕竟像爱马仕这类的奢侈品牌依然充满生机,而许多小厂家却逐渐垮掉。华为学的是爱马仕,而不是小厂家,它立足中高端消费市场推出明星机型 Mate 7,定价3000 元以上,在一年时间内销量达到了 500 万台,是这一价格区间国产手机的新突破。自 2015 年 10 月份以来,华为智能手机交付量同比猛增 81％,历史上首次超越小米手机,成为中国智能手机的第一名。华为手机只是华为在互联网领域拓展的第一步,但这也已经足够令人震惊。

华为在互联网领域的转型不仅仅是在手机方面,华为还发展云计算,并将云计算作为华为 ICT（信息、通信和技术）战略的一个核心。华为开始部署云业务，打造云生态公司。云服务在当前发展的前景非常光明，是未来任何企业和产品的基础，因为企业用户需要最基础的 ICT 基础服务，这也给电信业带来很大的机遇。借助云计算商业模式变革，华为通过云计算提供企业 ICT 服务，这将为其带来数以万亿美元的战略机遇，可以重新定义传统的电信业。回顾历史，1900—1930 年是企业拆除自备发电机、购买电厂电力的 30 年，而未来 30 年会不会是企业拆除自己的数据中心，购买 ICT 基础云服务的 30 年？作者相信历史可能就会重现。无论如何，华为凭借着强大的创新能力和通信领域的竞争力，在互联网领域的发展值得期待。

结束语

小米凭借着互联网模式做手机使其快速发家致富，京东凭借物美价廉的商品和极速的物流统治 B2C 自营领域，360 以免费提供安全服务的模式牢牢掌控着用户的心，华为凭借着通信行业夯实的基础和创新能力成功进军互联网行业。互联网行业充满变化，百度的渐渐掉队已经让人们津津乐道的 BAT 变成了 ATM，本章介绍的每个公司在竞争中都有其独门秘籍，究竟谁能够再引领中国乃至世界互联网的潮流，市场会给我们答案。

第 4 章　工业遇见互联网

随着"互联网＋"口号的提出，各行各业也开始借助互联网来寻求新的发展突破口。在这一融合进程中，涌现出许多勇于创新以至走在各领域前列的公司。本章中，作者将以互联网与工业的交融为切入点，在每一节中展现互联网如何影响汽车制造、智能家居等工业制品，并带领读者一起探寻过去的"黑科技"如何成为现实、走在工业领域前列的公司如何谋得发展的历程。

4.1　四个轮子的计算机

电影《蝙蝠侠》中蝙蝠侠耗巨资研发出的蝙蝠战车可随时被召唤至他所在的地方，或许在不远的未来，智能汽车可以实现这个场景。众所周知，衣食住行是人们最重要的四件事，新技术的发展也在不断推动着出行工具的变革。在中国几千年的历史里，马车与风力帆船曾是最重要的交通运输工具。

蒸汽机的出现使得蒸汽火车、蒸汽轮船逐渐普及,取代了马车和风力帆船。内燃机的发明则使得蒸汽机被渐渐淘汰,汽车成为了交通工具的主角。

如今,在互联网时代背景之下,汽车行业也将产生新的变革。除了传统汽车企业之外,众多互联网企业也纷纷布局智能汽车领域,苹果公司和谷歌公司相继发布车载操作系统,谷歌公司发布无人驾驶原型车,中国移动、华为等通信巨头亦纷纷进入 4G 车联网市场。类似于手机从"功能机"到"智能机"的转变,汽车也将由传统的"功能车"转变成为"智能车"。目前智能汽车发展方向虽多,但我认为新能源汽车和无人驾驶汽车才是未来智能汽车的主要发展方向。

4.1.1　零排放,不远的未来

随着全球能源危机以及环境污染问题的加剧,新能源汽车越来越引起人们的关注。在这样的背景下,特斯拉(Tesla)的电动汽车应运而生。2008 年年初,特斯拉旗下第一款纯电动车 TeslaRoadster 正式面世。作为第一辆使用锂电池技术的汽车,Roadster 的单次行驶里程达到了 390 千米以上。2012 年推出的 Model S 更加让人惊艳,作为一款电动汽车,Model S 的百千米加速等性能接近于法拉利、保时捷等燃油超级跑车。特斯拉最新推出的 Model X 采用了前卫的鹰翼门造型,外形如图 4-1 所示。

事实上,特斯拉并不是第一家做电动汽车的公司。在特斯拉推出电动汽车之前,市场上已经有不少电动汽车,其中,丰田旗下的普锐斯广受欢迎。但即便如此,普锐斯还是拥有和普通电动汽车同样的缺点——提速慢、驾驶体验不如传统汽车,相比之下,特斯拉的驾驶体验完全不输传统燃油汽车,百千米加速仅需 3 秒多,甚至达到了传统燃油超跑水平。

作者在和芬兰的一位教授聊天时,该教授曾兴致勃勃地为作者介绍特斯

图 4-1　Model X

拉的优点：特斯拉不仅加速无迟滞、无顿挫感，而且比传统燃油汽车保养容易得多。此外，特斯拉充电也比传统燃油汽车加油省钱。特斯拉之所以拥有如此优越的性能，一方面是因为其电动机技术，另一方面也是因为特斯拉先进的电池技术。特斯拉汽车在电池方面的创新并非电池制造技术，而是其管理电池的技术。电动汽车高昂的成本很大一部分来自于电池，通过使用技术成熟、成本低廉的松下 18650 电池（很多笔记本电脑中常见的电池型号），特斯拉大大降低了电池成本。特斯拉通过电池监控装置实时监控每一块电池的电压和温度等参数，保证充电和放电的安全。特斯拉以其创新力赢得了广泛认可，在 2015 年问鼎福布斯"全球最具创新力企业"榜首。

自汽车诞生以来，从没有这样一辆汽车如此吸引眼球，让众多富豪们、互联网大佬们为之倾倒，自发为其"代言"。甚至当特斯拉宣布进入中国市场时，国内的名人中就有一批特斯拉的忠实粉丝自发为其宣传。在其他汽车厂商大笔砸钱做广告的情况下，特斯拉先在富豪和互联网大佬中发展用户，利用名人效应发展更多的粉丝和用户。特斯拉用好产品让大家体验，使得特斯拉的用户自发为其宣传，从而吸引更多的用户，就像病毒传播一样，带动身边更多的人成为特斯拉的用户，不断地通过口碑带动，增加销量。

小米科技 CEO 雷军对此有一个总结：有一个人买了特斯拉，这会成为一个圈子的时尚话题；当有很多人都买了特斯拉时，这又成了圈子里的标准配置。所以在那个圈子里，以后汽车就只剩下了两种：一种是特斯拉，另一种是其他。而当在核心用户圈内普及之后，它又能产生新的辐射势能，影响、吸引更多的用户。

2014 年，特斯拉宣布开放其所有的专利技术。这一举动让世人费解，在包括汽车在内的很多行业，专利技术是产品优势的保证，因此大多公司都把自己的专利技术视为"传家之宝"，绝不会对外公布。作为一家上市企业，特斯拉这么做也必定是为了自身发展。特斯拉曾表示，他们真正的竞争对手是传统燃油汽车，而不是其他品牌的电动汽车。特斯拉选择开放专利，正是为了将广大电动汽车厂商拉入自己的阵营，共同对抗燃油汽车。特斯拉此举不仅能够促进电池技术的创新，也能号召其他企业共同建设充电桩，降低充电桩的建设成本，缓解充电难的问题。无论是对于特斯拉自身的发展还是整个行业的发展，这无疑都是有利的。

特斯拉大获成功之后，传统汽车企业也没有在原地踏步，在 2015 年的法兰克福车展上，保时捷、奥迪、宝马等传统汽车品牌均推出了自己的电动汽车，意在抢占市场。现在，汽车企业都将大把资金投入到电动汽车的研发当中，虽然传统燃油汽车在短时间内不会死去，但可以预见，汽车产业链将会重构，依赖于燃油汽车的企业（比如发动机生产厂商等）将受到冲击，相比之下，电动机领域和电池领域将会得到更好的发展。

电动汽车前景虽好，但就目前来看，电动车的市场占有率还很低，除了价格之外，阻碍电动车推广的最大障碍就是充电难，一是因为充电桩的数量还比较少，就国内的情况来看，目前充电桩也只是出现在了部分一、二线城市，就覆盖面来说并不广。二是充电接口标准的不统一，比如特斯拉的充电标准就与国内标准和欧美标准不同。电动汽车要想占领更大的市场，除了在售价上做到更亲民之外,重中之重还是要解决如何实现远距离行驶的问题。

其实除了大规模建设充电站之外,电动汽车充电还有另一种选择——换电池,如此也可以有效地解决电池充电慢的问题。早在 2013 年特斯拉就演示了电池更换技术,2014 年在试点地区正式推出了电池更换服务,这一换电池流程仅仅需要 3 分钟时间,比燃油车加油还快,相比于充电所需的数小时,大大减小了等待时间。相比于大规模地建设充电站,换电池具有不少的优势。不过,换电池也存在尚待解决的问题,首当其冲的就是标准的问题,目前,电池技术是各个电动汽车厂商的核心技术,所以现阶段标准还难以统一,要想在更换车用电池这条路上走得更远,统一标准势在必行。

4.1.2 解放双手

从汽车诞生以来,无人驾驶就一直是人类的梦想,人类也从未停止在这一领域的探索。1925 年时,美国的一位电子工程师就实现了用无线电波控制汽车方向盘、离合器、制动器等部件;2004 年,美国国防部高级计划研究局(DARPA)研发的无人驾驶汽车就成功地穿越了美国莫哈维沙漠;2009 年,谷歌公司进入无人驾驶领域,许多曾在 DARPA 工作的工程师都加入到了谷歌公司的无人驾驶开发团队。2014 年,谷歌公司完成无人驾驶汽车的自主设计,并表示计划在未来五年内将无人驾驶汽车推向市场。在谷歌公司设计的无人驾驶汽车中,完全取消了方向盘。在一年后,谷歌公司正式推出了第一辆无人驾驶原型汽车,不久后这辆汽车便开始上路测试,其外形如图 4-2 所示。

谷歌无人驾驶汽车车顶上的激光测距仪是其核心传感器,该设备在发射激光的同时也在高速旋转,如此便完成了 360°全方位的扫描。发射出的激光在碰到周围的物体之后会被反射,通过测量发射激光与反射激光的时间差,

图 4-2　谷歌无人驾驶汽车

便可计算出汽车与周边物体的距离。计算机再根据这些距离数据生成三维地形图,结合谷歌公司的高精度地图,无人驾驶系统便能"看"到周围的路况并做出反应。此外,在汽车上还装有其他传感器,用于探测周边情况和检测红绿灯等。无人驾驶汽车的关键技术主要包括辨识实际路况并迅速做出反应和智能导航,高精度地图则是导航的关键,而谷歌公司在这方面积累了大量的数据,这也是谷歌公司相比其他无人驾驶汽车厂商的优势所在。

等到无人驾驶技术成熟之时,计算机会将人类从繁重的驾驶工作中解放出来,人类司机将会越来越少甚至完全被取代。或许那时,出租车司机这一职业将会消失,致力于培养驾驶员的驾校行业也会逐渐消失。事实上,已经有公司在着手于将无人驾驶技术应用于出租车上,位于日本的 Robot Taxi 公司就已经在对自己的无人驾驶出租车服务进行实地测试,并计划在 2020 年东京奥运会时正式推出这一项服务用于自动接送乘客。

然而相比于新能源汽车,无人驾驶汽车在其推广过程中面临着更多困难。对于人类驾驶的汽车,由驾驶者对其驾驶行为负责。而对于一辆无人驾驶汽车来说,驾驶者是计算机,无法为其驾驶行为负责,于是乎设计该无人驾驶系统的公司就得为其驾驶行为承担责任。对于任意一条无人驾驶行为准则的判断,都必须考虑其中会涉及的具体驾驶场景,比如驾驶程序在紧急状况下能违反交通规则吗？无人驾驶汽车除面临伦理上的问题外，还将面临法律上的问题。无人驾驶汽车虽能降低事故率，但也无法做到完全避免交通事故的发生。发生交通事故，是由哪一方承担责任？又或者是多方承担责任，但各方各承担多少责任呢？关于法律问责的不确定性也可能阻碍有关公司进入无人驾驶领域。总而言之，无人驾驶当然是汽车发展的必然趋势，但在无人驾驶汽车上路之前，健全相关法律法规才能为其创造更好的发展环境。

4.2　电视也智能

随着经济的发展，人们的生活水平和质量逐渐提高，对家居品质的追求也越来越高。这不仅仅体现在对舒适性和安全性的需求，更体现在对智能化的需求。无论是海尔、美的这样的传统家电企业，还是百度、阿里巴巴这些互联网公司，都把智能家居看作是继手机、平板和笔记本之后的一个新战场，纷纷布局智能家居领域。电影《万能遥控器》中，主人公拥有一个可以控制一切的遥控器。如今，虽然不能做到控制一切，但已经可以做到通过手机上的App便可控制电视、冰箱等电器。

4.2.1　小小魔盒

每年交上几百元钱，只能收看几十或者上百个电视节目，在数字机顶盒时代，这似乎是天经地义的事，但这一切却被一个小小的互联网电视盒子终结了。海量的视频资源、丰富的应用、亲民的价格，使得小小的互联网电视盒子推出不久便俘获众多忠实用户。只要装上一个小小的盒子，即使是使用普通电视也能收看到海量视频和电视直播,而且还具备回看、游戏等功能。与传统电视机顶盒相比,互联网电视盒子不仅在内容方面具备无可比拟的优势,而且价格也非常实惠,用户仅需一次性花费几百元就可以买到,众多的优点使得互联网电视盒子迅速占领众多家庭的客厅。

无论是苹果、谷歌这样的国际巨头,还是阿里巴巴、小米这样的国内大佬,纷纷进入互联网电视盒子领域,客厅一时间成为了诸侯混战的战场。众多企业蜂拥进入互联网电视盒子市场,无非就是看到了其作为客厅入口的未来,想要抢占这一块大蛋糕。统计数据显示,2011 年我国互联网电视盒子保有量仅为 300 万,而 2014 年我国互联网电视盒子保有量达到了 3.2 亿,中国互联网电视盒子的发展速度可见一斑。

在国内,真正将互联网电视盒子带进千家万户的还是小米。2012 年 11 月,小米发布了旗下第一款小米盒子,一经推出,就吸引了众多关注。向来以高性价比闻名的小米,同样也将小米盒子做到了"发烧"级别。小米成本价卖盒子,意在打造其生态链体系,通过整个生态链赢利。如果你的电视盒子是小米的,手环也是小米的,那么当你买手机的时候也很有可能买小米的,最后不知不觉地成为小米的忠实用户,小米正是通过这样的方式不断地扩展自己的用户群,打造自己的生态链帝国。

同其他新兴事物一样,小米盒子的发展也不是一帆风顺的,闪亮登场仅 8 天,广电总局称其违反了 2011 年广电总局发布的 181 号文①,叫停小米盒子。文件规定:智能电视、电视盒子等产品,如果想接入互联网电视,就必须与牌照商合作。由于政策的限制,小米盒子不得不暂时停下,等待新的机会。到了 2013 年 3 月,小米与七大牌照商之一的 CNTV(中国网络电视台)合作,随即满血复活,重返盒子市场,从而开启了中国 OTT(Over The Top,是指通

---

①　全称为《持有互联网电视牌照机构运营管理要求》。

过互联网向用户提供各种应用服务)盒子的乱战。一时间,众多厂商相继推出自家的盒子,盒子市场看似欣欣向荣,但这近乎野蛮式生长的背后却是盗版和侵权行为的猖獗。

正当盒子市场蓬勃发展之际,广电总局再度出手,各厂商的盒子也都依相关政策而暂停服务。众多第三方软件被强行下架,常见的应用商店和内置浏览器也未能幸免。整顿伊始,不少用户都在抱怨家里的互联网电视盒子变成了"砖",一时无法接受。广电总局对盒子市场的整顿确实打击了企业和用户的积极性,但客观地说,它不仅起到了保护版权的作用,从长远来看是有利于整个互联网电视行业朝着更加规范和健康的方向发展的。在不久的将来,随着行业管理的规范化,新的技术和新的商业模式也将不断出现,盒子市场将会迎来新的发展。

4.2.2 大屏也互联

自 2011 年智能电视在国内量产后,其相关技术日渐成熟,市场占有率也越来越大。作为传统电视在互联网浪潮下衍生出的产物,智能电视凭借着更丰富的内容和更佳的互动性,迅速风靡,并颠覆了传统电视行业。与全球彩电消费低迷走势不同,智能电视蓬勃发展,呈现出一派繁荣的景象,一时间成为了众多企业争相抢占的市场。据美国市场研究机构 Display Search 公布的调查数据显示,2015 年上半年智能电视就占据了全球彩电总销量的 41%。在国内,销量占比则更高,达到了 82.2%。

说到智能电视我们就不得不提乐视。在功能电视机时代,几乎没有用户关心电视的配置参数,最多是对屏幕尺寸和清晰度有要求。2013 年 5 月,乐视推出旗下第一款超级电视,成功地给电视增加了一个新的关注维度:性能。如今,人们购买电视的关注点也延伸到了电视处理器等配置。目前乐视

TV 超级电视已经成为天猫商城和京东商城的冠军品牌。与传统电视不同，乐视电视不仅仅通过硬件赚钱，而是以乐视生态的"平台＋内容＋终端＋应用"的组合获取利润。据 2015 年数据显示，乐视超级电视月均开机率超过90％，日均开机时长达 5.87 小时。因此，相对于其他完全不掌握用户使用数据的厂商，超级电视能够清晰地知道用户在看什么。正是基于这种大数据的运用，也使得超级电视能够更好地探索新的赢利模式。

互联网极大地改变了电视行业，也改变了用户收看电视的方式。如今用户可以直接在电视上收看网络上的视频，而不是像以前一样只能收看已有电视频道的节目。然而，作为尚处于发展初期的新事物，智能电视还存在诸多问题，最为突出的便是操作体验不佳。在操作方式上，面对电视机的超大屏幕，并不适合采用与手机相同的触摸方式来进行操作。此外，功能复杂的智能电视也不能像传统电视机那样仅凭一个遥控器便可实现便捷控制。操作方式只是现存的诸多问题中的一个，还有许多技术、设计等方面的问题等待解决。不过，我相信，随着新技术的应用，各方面的问题都将得到解决，智能电视也将迎来新的发展。

4.3 你买机器人了吗

在许多科幻电影中，人工智能往往都是与机器人一起出现，比如电影《超能陆战队》中主角之一的"大白"其实是一个健康机器人，它能够快速扫描人体，检测出伤口或者患处，并进行治疗。这样看似炫酷的"黑科技"离我们其实并不遥远，从 1954 年，工业机器人先驱乔治·德沃尔（George Devol）创造了世界第一台可编程的机器人，直到今天，机器人在功能和技术层次上已经有了很大的提高。在作者写这本书之时,恰逢谷歌围棋人工智能程序AlphaGo与韩国著名围棋选手李世石进行对决之际。如今,正是机器人产业发展的大好时代,政府和民间资本都对机器人产业表示出极大的兴趣,这注定是个"机器人总动员"的时代。

4.3.1　家中的机器人

在好莱坞电影《我,机器人》中,人形机器人已经应用于人类生活的方方面面,无论是工业生产还是家中劳务都不在话下。而在英国电视剧《黑镜》中,女主人公的丈夫去世之后,女主人公订购了一台能够在言行举止甚至性格上模仿自己丈夫的机器人。就目前看来,想要普及能够完成综合性任务的人形机器人还有些难度,但是能够自动完成单一任务的机器人早已走进了我们的生活。不少企业已经在这片新天地崭露头角,消费级领域中最为突出的当属家用机器人。

成立于 1990 年的 iRobot 公司目前可以说是家用机器人领域的领头羊。iRobot 公司最早研发的是军用机器人,其产品被美军广泛应用,数以千计的iRobot 机器人代替人类完成了原本危险的任务,大大减少了美军的人员伤亡。但毕竟军用机器人的需求有限,iRobot 公司逐渐萌发设计家庭用机器人的构想。2002 年,iRobot 公司推出了旗下第一款家用机器人,到现在,iRobot 公司已推出扫地机器人、擦地机器人等家用机器人。目前,超过 1000万台 iRobot 家用机器人工作在世界各地,早在 2013 年,iRobot 公司便实现了全球家用机器人市场 50％的占有率。在机器人大范围普及之前,iRobot公司已初露锋芒。

作为 iRobot 公司的明星产品,扫地机器人 Roomba(伦巴)的应用可谓最为广泛。作为一款搭载了 iRobot 公司自主研发的人工智能系统 iAdapt 的机器人,Roomba 在进行清扫任务时会有序地实行感知、思考、清扫三个步骤。具体来说,Roomba 会先感知自己所处的家居环境,之后根据所处的具体环境采取不同的清扫策略,最后自动清扫家庭中的各类垃圾。除此之外,Roomba 机器人还能在家中无人的情况下,自动出来进行清扫任务,当清扫任务完成后或需要充电时也能自行返回充电站。除了高度智能化之外,在清洁率上 Roomba 也一直处于业内顶尖水准,娇小的身躯和独特的三段式清扫使其能够清理到人类无法或者很难清理的地方。不过,Roomba 也存在一些待改进的问题,作者家中的 Roomba 就经常被卡住。除此之外,Roomba 的清扫规则也有待改善,有些地方被多次清扫,而有些地方却没有被清扫到。相信未来,扫地机器人各方面的技术会得到完善,以扫地机器人为代表的家用机器人也将得到更加广泛的应用。

家用机器人的引入,一定程度上减轻了人们的负担。扫地机器人的应用只是机器人进入家用领域的第一步,未来还会有更多品类的机器人甚至综合性机器人进入千家万户,帮助甚至替代人类进行各种工作,相信在不远的将来,机器人将会得到更加广泛的应用。

4.3.2　无人机,你也可以拥有

作为较早使用大疆无人机的节目,《爸爸去哪儿》的大热也使得大疆无人机逐渐走进普通大众的视野。不过,大疆无人机的名气可远远不只如此,许多好莱坞大片的航拍镜头也都是用的它。细心的美剧迷可能已经发现,《生活大爆炸》、《摩登家庭》等热门美剧也有大疆无人机的身影。

大疆无人机由深圳的一家企业大疆创新(DJI-Innovations,简称 DJI)推出,其创始人是四名毕业于香港科技大学的学生。2006 年毕业之后,四人凭着其毕业设计创办了大疆创新。发展至今,大疆创新已成为全球商用无人机

领域的领军者,其产品已翱翔在全球上百个国家,广泛应用于航拍、遥感测绘、救援等多个领域,在航模航拍爱好者当中也俘获了一大批粉丝,甚至连微软公司创始人比尔·盖茨(Bill Gates)、知名导演詹姆斯·卡梅隆(James Cameron)都是其忠实用户。据中央电视台 2015 年的报道,该公司在全球消费级无人机市场中的市场份额达到了 70%。除此之外,大疆精灵 Phantom 2 Vision＋(见图 4-3)甚至被美国《时代》杂志评为 2014 年度十大科技产品之一。

图 4-3　大疆精灵 Phantom 2 Vision+

大疆无人机轻巧灵活,操作简单,能在空中拍摄稳定流畅的画面,使得电影人、摄影爱好者和记者能够以全新的手段记录世界。只需将移动设备与遥控器相连接,便可通过 App 操作无人机,还可以在移动设备上实时查看拍摄的画面。除此之外,大疆无人机的系统中甚至还兼容了 YouTube 旗下的 Live 视频直播服务,全球人民都可以在 YouTube 上看到拍摄画面。更重要的是,大疆还提供了面向第三方开发者的 SDK 开发平台[②],开发者可以从相机控制、使用实时影像、搜集飞行数据等多方面进行自由开发,实现个性化升

---

② 　SDK:Software Development Kit,翻译成中文的意思就是"软件开发工具包",是指由第三方服务商提供的实现软件产品某项功能的工具包。

级,使大疆无人机发挥出更大的潜力。

近年来,无人机已经被应用于航拍、电影、救援、遥感测绘、野生动物保护等诸多领域。在广东河源,无人机被公安局用来侦查山林中非法种植的罂粟田;在太原的国家电网分点,无人机飞入高山地区进行日常输电线路的运行检查和巡视;甚至在爆炸现场,也有无人机勘测现场状况……这样的场景并不仅仅存在于科幻电影中,而是确确实实地发生在现实生活中。此外,无人机也在不断地融入新的行业应用,比如无人机快递服务,亚马逊的 Prime Air 在测试多年之后也终于正式上线,用于给消费者提供更快捷的物流服务。除此之外,也有学者基于大疆无人机开展研究工作,作者的几个朋友就曾购买几台大疆无人机用于研究。

无人机行业如今虽然热门,但也存在一些问题。考虑到无人机对安全的威胁和对隐私的潜在入侵,无人机,尤其是小型无人机在各个国家都会受到不同程度的监管。例如,美国联邦航空管理局(AFF)出台的无人机监管条例就规定,无人机在私人区域飞行之前首先需得到认证。对于无人机的监管,我国也出台了一些相关的法律,比如现在的政策规定北京五环以内不能使用无人机,每次飞行之前都要申报飞行计划。对于那些目标消费者为普通民众的无人机公司来说,这确实是一个不小的影响。但长远来看,这些政策对无人机行业的发展确实是有利的。对于任何一个行业来说,完善的法律法规都会为行业的发展营造良好的氛围,对于无人机行业来说,有序的空中监管能为无人机行业的发展保驾护航。

机器人的应用不仅能减轻人类的劳动负担,还能提高生产效率,甚至完成某些人类无法完成或者很难完成的工作。上面介绍的家用机器人和无人机只是机器人应用的两个领域,未来必将会有更多的机器人进入更多的领域,颠覆传统领域的同时给这些领域带来新生。对整个社会而言,机器人的应用必将极大地改变人类的生活,我们期待"机器人总动员"时代的到来。

4.4 一场新的工业革命

在传统工业时代,工厂往往大批量地生产同质化产品来降低生产成本。随着生活水平的提高,人们早已不满足于同类型的商品,开始对个性化事物有了更强烈的需求。因而在我看来,如若能根据市场需求生产更具针对性的产品,或许将带来一场新的工业革命。

4.4.1 3D 打印

电影《十二生肖》中,成龙饰演的文物窃贼在取得铜首的三维模型之后,使用 3D 打印技术迅速仿制,上演了一出狸猫换太子的好戏。当时,这一充满未来感的技术让世人惊叹,如今却早已被大众所熟知。

自 2012 年以来,关于 3D 打印的话题就频频出现在互联网和媒体上,而实际上,3D 打印在工业界已有三十多年的历史,如 3D 打印巨头 3D 系统(3D Systems)的 ProX 950 型生产级 3D 打印机,就可满足工业使用要求(见图 4-4)。理想条件下,只要你能用三维图设计出来的,都可以用 3D 打印的方式制造出来。3D 打印技术在这几年高速发展,一方面是因为 3D 打印巨头核心专利过期,众多公司进入该领域外;另一方面也是因为其"软件核心"——"数字模型"在互联网的

图 4-4 ProX 950 型生产级 3D 打印机

浪潮下迅速发展。再加上其硬件相关技术的进步,3D 打印机的硬件成本也越来越低,众多因素的综合作用使其得以高速发展,应用领域也越来越广。

如今,3D 打印技术已经被用于诸多领域,比如在生物医疗方面,使用 3D 打印技术可以"复制"将要进行手术的患者的器官,以辅助医生进行分析,进而制定更加合理的手术方案,提高手术的成功率。纽约的一家医院就和 3D 打印公司合作,通过扫描患者的大脑,以高分子聚合物为原料打印出患者大脑的三维模型。外科医生先在大脑三维模型上模拟手术解剖过程,以此为参考制定真正手术的实施步骤,从而降低手术的风险。

除了上面介绍的 3D 打印在医疗器械方面的应用外,3D 打印技术还能用于生物领域,比如打印餐桌上常见的猪肉、牛肉以及生活中常用的皮革。带给我们这些惊喜的便是美国的一家初创公司 Modern Meadow。相比于传统的肉制品制造业,利用 3D 打印技术制造肉类对动物的伤害更小,同时也可以减少资源的消耗和温室气体的排放,有利于保护环境。该技术的成功研发,使得消除人类对畜牧业的依赖成为可能。未来,人造生物皮革和人造肉将会得到更加广泛的应用,甚至完全取代畜牧业,彻底改造食品制造业。不过,生物 3D 打印能做的可不仅仅是这些,现在已经有不少公司着手研发用 3D 打印制造人体活体器官。虽然这一技术离真正应用还有些遥远。不过,等到这一技术成熟之时,势必将带来革命性的变化,挽救众多的生命。

由于 3D 打印可以制造一些传统制造方式不能制造或者难以制造,或是使用传统制造方式成本高、耗时长的产品,故被很多人称为"万能制造机"。不过看似"万能"的 3D 打印技术目前也存在诸多问题,除了成本过高、效率过低之外,在力学性能和精度等方面,3D 打印制造的产品都远远比不上通过传统金属切削方式制造的产品。目前看来,3D 打印可以解决的仅仅是产品的形状问题,而无法解决材料和工艺等方面的问题。

然而从长远来看,3D 打印前景还是很好的。国际 3D 打印龙头企业 3D

系统就将流水线与 3D 打印技术结合起来,在 2014 年就推出了超高速 3D 打印装配生产线,这套系统的打印速度比标准积层打印快五十倍,将大大提高打印效率。随着技术的不断成熟,3D 打印技术必将适用于更大规模的生产,特别是在强调个性化的领域(比如饰品制造领域),3D 打印将大有作为。

4.4.2　私人订制不是梦

电影《私人订制》中主角四人根据客户的需求,为其量身打造"圆梦方案",实现其愿望。影片中展现出来的一种新兴的商业模式——个性化订制引起了作者的兴趣。下面介绍的公司,就是运用了个性化订制思维的典型代表。

在传统工业时代,产品都是先设计、生产之后,消费者再购买。厂家只能通过前期和售后调研了解消费者对产品功能和外观上的意见,但毕竟调研只是抽样调查,覆盖范围有限,且回馈周期较长。而在互联网时代,沟通变得容易多了,企业与用户间的隔阂被打破,企业能够在第一时间内获取用户需求,使得产品的个性化订制成为可能——家电领域的个性化订制也应运而生。

在家电订制领域,海尔可以说是走在了其他企业的前面。成立于 1984 年的海尔,经过三十多年的发展,从一家小工厂发展成了全球首屈一指的家电品牌。在互联网时代,海尔也在积极探索创新,寻求制造方式从大规模生产到大规模订制的转型。2012 年,海尔建设了第一家互联工厂,随后陆续建立了青岛热水器等七家互联工厂,如今更是推出了家电订制品牌"统帅电器"。海尔家电订制不仅能满足外观上的订制,还能满足功能上的订制。相比于传统产品 49 天的上市周期,海尔订制家电的上市周期则减少到了 7～14 天。海尔现在还将其工厂打造成"透明工厂"(见图 4-5),任何人都能在海尔的官网上看到家电的实时生产流程。

图 4-5　海尔透明工厂

目前,海尔推出了家电个性化订制平台——众创汇。在这个平台上,用户可以参与到整个订制过程,与设计师、工程师等交流。无论是在冰箱上印上自己的照片,还是在手机上全程查看专属自己家电的生产流程,这些都不再是梦想。海尔目前提供了三种形式的个性化订制:第一种是模块订制,用户通过对产品功能自主选择进行搭配,来满足其对产品的个性化需要。第二种模式是众创订制,用户可以在众创汇平台上提出自己的创意或要求,如果你的想法得到一定数量的网友认可,就会有设计师参与到订制过程,逐渐完善设计,形成能够投入生产的设计。以海尔天铂空调为例,这款圆形空调的创意就来自于海尔的一名用户。在他提出自己的创意之后,得到不少人的支持,一些志同道合之人与他一同设计方案,经过多次修改完善之后,最终成功投入生产。这一产品完全颠覆了传统空调的外观和体验感,得到了众多用户的喜爱,上市之后销量也不错,甚至还获得了中国国际消费电子 Leader 创新奖。第三种则是高端的一对一专属订制,用户只需提交自己的需求,海尔的设计师会与用户沟通了解,之后根据需求进行设计、生产,给用户一台真正独一无二的家电产品。

个性化订制模式的应用使得传统的家电消费模式转变成了以客户需求

为导向的模式。智能制造则实现了柔性化生产,满足个性化需求的同时提高效率、降低成本,解决了个性化生产与成本之间的"天然"矛盾。在海尔,从客户下单、产品设计、投入生产到物流售后,全程依托数据驱动和网络运作。海尔订制家电的成功必将给传统家电行业带来冲击,消费者不必再像以前一样,必须从已生产的家电中选择自己想要的,而是可以直接提交自己的需求,按需求订制家电。在传统家电市场疲软的当下,订制家电的兴起迫使传统家电企业转型,但同时也为其指明了新的发展方向,注入新的生命力。

海尔互联工厂是个性化订制模式应用的典型案例,它的成功也体现了消费者对个性化的需求。除了家电订制之外,还有其他行业也引入了此种模式,除了比较早引入个性化订制的服装、家具行业外,手机行业也开始了在个性化订制领域的探索。谷歌就在研发模块化智能手机,用户可以按照自己的需求挑选模块,像搭建乐高积木一样拼出自己的手机。总的来看,虽然目前个性化订制模式应用还不是很广泛,但未来一定会有更多的行业引入个性化订制模式,21世纪必将是个性化订制的时代。

结束语

互联网与传统工业的融合正是现在许多国家发展的重点,无论是德国的工业4.0③、中国制造2025④,还是最近提出的供给侧改革⑤的内容中,都将工

---

③　工业4.0是德国政府提出的一个高科技战略计划,旨在提升制造业的智能化水平,建立具有适应性、资源效率及人因工程学的智慧工厂,在商业流程及价值流程中整合客户及商业伙伴。其技术基础是网络实体系统及物联网。

④　中国制造2025,是中国政府实施制造强国战略第一个十年的行动纲领,目标为:第一步,到2025年迈入制造强国行列;第二步,到2035年中国制造业整体达到世界制造强国阵营中等水平;第三步,到新中国成立一百年时,综合实力进入世界制造强国前列。

⑤　2016年1月27日,习总书记主持召开中央财经领导小组第十二次会议,研究供给侧结构性改革方案。供给侧结构性改革,就是从提高供给质量出发,用改革的办法推进结构调整,矫正要素配置扭曲,扩大有效供给,提高供给结构对需求变化的适应性和灵活性,提高全要素生产率,更好满足广大人民群众的需要,促进经济社会持续健康发展。

业革新作为了发展目标。虽然上面介绍的这些行业只是工业中极小的一部分，但作者希望以这些行业为例，让大家看到互联网与工业融合发展的巨大前景。未来，将会有更多的行业与互联网深度融合，互联网将从研发、生产、销售等多个环节改造传统工业，传统工业在焕发出新的生命力的同时也将创造出巨大的经济价值。如今，中国早已成为了全球制造大国，希望"互联网＋"在改造传统制造业的同时也能够提高精品的制造能力，使得中国能够迈入制造强国的行列。

第5章 插上互联网翅膀的服务业

服务业是如今发展最快的行业之一,在国民经济中所占比例越来越大,也是中国经济发展的重要动力。在互联网行业发展的大潮下,服务业迎来了崭新的机遇和前所未有的挑战。互联网为服务业提供了新的平台、更好的用户体验,但同时又颠覆着这个传统行业的规则。在互联网时代,不转型就可能意味着被淘汰。让我们在本章中一起看一看互联网对服务行业的改变,其背后的创新精神和所蕴含的互联网思维。

5.1 知识共享时代

公元前 3000 年,古埃及诞生了人类第一所学校,用来传授最基本的生活技能与宗教习俗。从此,知识的传播成为了人类最基本的社会活动之一,也是人类文明不断进步的根源。如今,全球有六分之一的人口每天在学校中接受教育,教育体制历经了上千年的推行完善,发展至今。而互联网的到来,使这个古老的体制受到了前所未有的冲击。知识的获取不再依赖于学校、图书馆、甚至老师。互联网成为人类知识最大的储集、共享平台。

5.1.1　人人参与的维基模式

18 世纪的英国,受启蒙运动的影响,各个学派的新观点不断涌出,为了将各个领域的知识进行汇总,诞生了著名的《不列颠百科全书》。它囊括了各个领域的科学成果与观点,在当时的英国,人们普遍认为该书的权威性"仅次于上帝"。在之后几百年的时间里,《不列颠百科全书》不断地更新、修订,由全球各个领域的著名专家学者参与编写,包括众多诺贝尔奖得主,囊括了人类各个学科的知识,重要历史人物和事件,被公认为人类最权威的百科全书。1999 年,32 卷本的《不列颠百科全书》上线互联网,由于无法承受大量涌入的阅读用户带来的网络负担,宣布向用户收费。这种付费的阅读模式,有悖于互联网开放、免费的特点。至此,《不列颠百科全书》已经不能满足新的时代背景下人们对知识的需求了。

这时在美国圣地亚哥,一位叫吉米·威尔士(Jimmy Wales)的年轻人从中发现了潜在的机会。不久,他自己制作的免费百科全书网站 Nupedia 上线了。但是,由于吉米·威尔士采用的是和不列颠百科全书一样的传统知识汇聚方式,即邀请相关专家进行内容编辑,经过一年半的努力和 25 万美元的投资,Nupedia 百科全书只完成了 12 个词条。在那段失落的期间,吉米·威尔士无意中了解到可以集合众人智慧的 Wiki 编辑软件。于是,在 2001 年 1 月 15 日,一个全新模式的知识平台——Wikipedia 诞生了。它采用的是一种完全公开的模式,让每个人都可以对其内容进行浏览、创建、编辑。Wikipedia 上线的第一年,来自世界各地的人们创建了超过两万个条目,并且逐年递增,速度远远超过了任何纸质刊物的更新频率。如今,维基百科已经成为了最大的在线百科全书、全球第五大网站,它拥有 3000 多万个条目,是不列颠百科全书的 200 多倍。

Wikipedia 的成功得益于它的众包协作模式,即利用互联网将内容的编撰分配给全世界的用户。Wikipedia 提供的只是一个平台,用户可以根据他们的个人意愿在上面添加或修整词条。出乎吉米·威尔士意料的是,人们对于知识分享的兴致竟如此之高——一个月词条突破 1000 条,8 个月突破 1 万条,上线的第一年里 Wikipedia 总共诞生了超过两万个条目。这些词条由世界各地的普通人无偿参与编辑,涵盖范围非常之广,包含了各种冷门知识,以及最新的热点信息。Wikipedia 开启了真正的维基模式,汇聚每个人的力量,让微小的个体可以产生无限的可能。

Wikipedia 发展至今已有 15 年,内容日趋完善,但也逐渐遇到了它的瓶颈。首先是逐渐下降的用户活跃度,参与词条编辑的人数逐年递减。如今,Wikipedia 的词条涵盖面已经很全,改动主要集中于词条细节的修整。人们能够发挥的空间越来越小,这也逐渐影响了大家的热情。在未来,随着编辑者的减少,Wikipedia 的反应速度和词条质量都会有所下降,久而久之它的公信力也会受到影响。其次,虽然 Wikipedia 的免费模式是它吸引人们的一个关键因素,但这很难维持 Wikipedia 的长久发展。如今 Wikipedia 主要靠个人与机构的捐赠维持网络运行。引入广告的确可以为有着庞大用户基数的 Wikipedia 带来稳固的经济支持,但这有悖于 Wikipedia 的初衷,所以 Wikipedia 发展至今仍然坚持其非赢利性,而这也是它的魅力所在。

放眼国内,有百度百科、互动百科、搜狗百科等类似的百科网站。其中,百度百科依托百度这一最大的中文搜索引擎,是国内用户最多的中文百科网站。同时,近几年崛起的互动百科,通过拓展北美及澳洲市场也积累了庞大的用户基数。国内各类百科网站竞争激烈,目前的赢利方式主要还是靠广告收入,就整个行业而言,仍普遍处于入不敷出的阶段。因此,国内百科网现阶段的任务主要是通过内容和品牌效应集聚人气,为未来的赢利打好基础。

5.1.2　任何问题的最好答案

在过去,当人们有什么问题的时候第一反应是问相关的人,或者从相关的书籍中寻找答案。互联网诞生以后,以 Google 为代表的搜索引擎方便了人们从海量信息中提取相关的内容。然而,我们从搜索结果中得到的是我们想要的答案吗? 作者觉得未必。我们得到的往往是海量的、未加工的信息。于是,最原始、最直接的问答模式开始在互联网的舞台上崭露头角,吸引众多网民共同创造"认知盈余"[①]。在众多模式死板、问答质量不高的问答网站之中,有一位标榜着"The best answer to any question"(任何问题的最好答案)的佼佼者脱颖而出——Quora。这个引领着硅谷风尚的小公司,以其独特的运作模式吸引了大家的眼光,在 2012 年和 2014 年分别筹资 5000 万和 8000 万美元,如今市值高达 9 亿美元。Quora 开辟了一种全新的问答模式,而在国内将这个模式发扬光大的正是我们熟知的"知乎"。

Quora 的创始人亚当·德安杰罗(Adam D'Angelo)是著名社交网站 Facebook 的第一任 CTO(首席技术官)。他与 Facebook 的创始人马克·扎克伯格(Mark Zuckerberg)高中时就认识,两人经常交流,对于互联网领域的发展他们都有着各自的见解。而德安杰罗后来也成为 Facebook 创业团队的首批成员,负责 Facebook 的数据挖掘以及分散式系统,这也为后来 Quora 强

---

① "认知盈余"由美国作家克莱·舍基(Clay Shirky)在其著作《认知盈余:自由时间的力量》中提出,这个概念的核心是:在线工具可以促进更多受过教育、拥有自由支配时间并有强烈分享欲望的人汇聚在一起来从事创造性活动,从而产生巨大的社会效应。

大的数据分析系统奠定了基础。在这里亚当·德安杰罗遇见当时任职平台主管的查理·奇弗(Charlie Cheever)。在他们看来，Facebook 虽然可以共享照片、动态、个人信息，但无法共享知识。于是他们开始思索是否可以用一种基于社交的方式进行知识的分享。2009 年，他和查理·奇弗一起创办了 Quora。2010 年 6 月，Quora 正式上线。虽然当时团队只有 12 个人，却获得了 1100 万美元的创业投资，估值高达 8600 万美元。

Quora 可以说是一个众多模式的集成者。它采用了 Facebook 基于真实身份的社交模式，采用了 Twitter 的关注和推送机制，让人们可以对感兴趣的话题、问题、用户进行关注，并根据用户的兴趣和知识背景将相关的内容向用户进行推送。此外，Quora 还利用了 Wikipedia 的维基模式，允许用户对所有问题和答案进行完善，在社区中共同协助来提高答案的整体质量。亚当·德安杰罗提到："Q&A(问答)是互联网知识获取的一种重要途径，虽然有很多网站提供这类的服务，但是并没有一个做得很好的平台"。

那么 Quora 是如何建立一个良好问答社区的呢？ Quora 创立初期通过采用邀请制来吸引广大知名人士和社会精英，比如分类信息网站 Craigslist 的创始人克雷格·纽马克(Craig Newmark)、Facebook 创始人扎克伯格。这些高端人士不仅创造了高质量的内容，还帮助 Quora 进行了免费的推广。此外，实名制的注册方式，使得人们更加注重自己在社区中的声誉，这也让他们对于提问和回答更加认真。随着用户数的快速增长，Quora 又通过评分机制和数据算法来支撑整体的问答质量。平台会根据每一个用户的回答历史给予相应的用户评分。一个用户评分的高低可以看出他在相关领域的专业程度。而该领域的问题也会通过系统推送给他，实现了问题与相关知识背景用户的有效对接。而对于某些领域的专业人士，用户也会主动地去关注他，甚至直接向他提问。针对用户关注的话题内容，Quora 会关联到相关领域中评分较高的提问和解答，按照质量高低排序出来，展现给用户一个他们感兴趣的知识库。

　　如今 Quora 仍然专注于扩大它的规模来给用户提供更好的回答，并没有形成明确的赢利模式。用户基数无疑是 Quora 的优势，这意味着它将来可以针对用户需求收费，聘请相关的专家，让用户为高质量答案支付费用。国内的"知乎"和"果壳"目前同样也专注于积累用户，暂时没有确定持久的赢利模式。其中，相关的尝试包括出版图书、组织相关线下活动和出售周边商品。可以说此类的问答平台的确填补了之前市场的一个空缺，丰富的内容和用户黏性即使不能在短期赢利也会吸引持续的投资，但从长远考虑还是需要某种方式将用户基数变现为实际价值。

5.1.3　远程教育又回来了

　　从最初的函授教育到 20 世纪 80 年代兴起的广播电视教育，我国的远程教育已发展到了第三代——以信息和网络技术为基础的网络教育。在这众多的网络教育平台中，MOOC（大型开放式网络课程）掀起了一阵全民的互联网学习浪潮。

　　MOOC 的概念最早源于 2008 年加拿大曼尼托巴大学开设的一门免费在线课程，参与者包括 2200 多位世界各地的学生。学生们可以通过博客、论坛等各种工具接收课程，并参与在线会议讨论。由于 MOOC 模式强调的是开放、免费、没有人数限制，凡是渴求知识的人都可以在这个平台上接受教育。随后大批的教育工作者都采用了这样的在线开放课程模式。2011 年的秋天，斯坦福大学开放了第一门在线的公开课——《人工智能导论》，招来了全球 160 000 名学生注册。而这门课程的授课教师赛巴斯汀·索恩（Sebastian Thrun）随后开创了在线课堂网站 Udacity。斯坦福大学的另一个 MOOC 公开课的授课教师吴恩达（Andrew Ng）则随后开创了我们熟知的

Coursera。第二年，麻省理工学院和哈佛大学共同创立了 Edx。如今以 Coursera、Edx、Udacity 为首的这三个网站成为了 MOOC 模式的代表，各类 MOOC 平台已经和北美、欧洲、亚洲、澳洲的 400 多所名牌大学达成合作，提供大量的免费在线公开课程。截至 2014 年年底，全球有接近 2000 万的学生在学习 MOOC 课程。MOOC 催生了新的学习革命，被誉为"是印刷术发明以来教育领域的最大改变"。

MOOC 模式的颠覆性在于它引领了一种新的教育趋势，它打破了名校的壁垒，让原本封闭的教育资源能被更多的人免费访问。而正是在这个趋势的引领下，世界各地的高校都在逐渐开放自己的课程。MOOC 模式的背后，体现的是互联网对传统高等教育体系的一次改革，从此课程不再有人数、位置、时间上的限制，不同国家、领域、职业、性别的用户只需要一个能联网的设备，就可以随时随地访问海量的在线课程。此外，相对于传统的在线教育，MOOC 真正实现了课堂互动，用户不再是一个被动的接受者，各个知识点配套的模拟实验、课堂小测、讨论组充分地让学生融入到课堂学习中。对于不懂的知识，学生可以向助教请教，与同样选择这门课的同学们进行讨论。MOOC 跟传统的大学课程一样遵循着一个固定的时间轴，循序渐进地让学生掌握相关的知识点，定期提供练习和测试，学生们需要按时完成课程的学习，并提交相关的作业。这有效地刺激了学生们学习的积极性，解决了传统网络教育的一大弊端。在课程结束后，MOOC 会给学生提供相关的证明，有些学生可以用这个来换取学分，甚至找工作。

那么又是什么造就了 MOOC 如此之高的影响力？首先是名师与名校的吸引力。人们都愿意跟世界上最好的老师学习，而这正是 MOOC 的一个主打方向，囊括了包括哈佛、麻省理工学院在内的世界顶级学府；其次是精品课程。在过去人们普遍认为网络教育质量不高，难以吸引大量的使用者。而

MOOC 课程，大多制作精细，课程内容优质，这也是 MOOC 努力塑造的品牌形象；最后是 MOOC 充分地发挥了互联网时代开放和免费的普遍特征，任何人想学就可以学，免费获得优质的学习资源，这与 MOOC 本身优质的内容相结合，无疑是吸引人们的一个关键。

虽然 MOOC 的课程是免费的，但是现在的几大 MOOC 平台已经形成了基本的赢利模式。以 Coursera 为例，学生可以付费获得官方的课程证明，这对于找工作很有帮助。对于有深度学习需求的用户，Coursera 还提供了收费的专项课程，它比免费课程的内容更加具体和专业。Udacity 提供了收费的认证考试，同时帮助毕业生介绍工作并从中收取中介费，搭建了学生与雇用单位之间的桥梁。

从 2013 年起，国内的各大高校也纷纷加入了 MOOC 的阵营。清华大学、北京大学、复旦大学等著名高校已经与 Coursera、Edx 等 MOOC 平台达成合作，将自己的公开课面向全球开放。同时，国内的 MOOC 学院也逐渐兴起，例如，果壳网旗下的"MOOC 学院"，清华大学的"学堂在线"，还有网易云课堂与爱课程网联合推出的"中国大学 MOOC"。无论在国内还是国外，MOOC 的发展现状表明，越来越多的学校和学生愿意接受这种模式。或许在未来，高等学校会与 MOOC 平台结合授课，MOOC 平台或许可以使学生获得学分，成为学校课程的一部分，学生在线上观看共同的课程内容，老师则可以更专注于对学生进行个性化的线下辅导。随着 MOOC 课程的影响力越来越大，学生甚至可以完全脱离学校，经过相关课程的学习，获得学位证书，而这个学位将被企业和学校认可。设想在未来，如果一个学生在 MOOC 平台上拿到了社会都认可的重要课程的学位证明，那么现在这种通过线下学习获得的毕业证书在那时是否还会有如今的价值？

5.1.4　安全专家的训练营

在谈到在线学习时,人们往往认为是对上文中提到的 K12② 和高校课程等传统教育资源的学习。事实上,在线教育已经延伸到网络安全领域。如今在互联网上人们的个人隐私信息泄露并大范围传播的事件已经屡见不鲜,以非法牟利为目的的计算机网络犯罪已经形成了黑色的地下经济产业链,给我国造成每年大约 53 亿元的损失。随着棱镜门③、苹果 Xcode 漏洞④等安全事件接连发生,个人和企业的信息及财产安全都受到严重威胁。因此作者认为对于每个人而言,信息安全的学习也同样重要。而 2015 年 6 月正式上线的"i 春秋学院"就是这样一个针对信息安全学习的在线教育平台。虽然刚刚上线不久,但是 i 春秋学院已经以其独创的"在线视频+在线虚拟实验+攻防对抗"实训模式获得了信息安全界的广泛关注。

i 春秋学院由国内知名网络安全机构"永信至诚"创办,而它的创始人蔡晶晶是中国第一批网络安全专家。蔡晶晶 19 岁踏入了这一行,一路见证了中国信息安全行业的发展过程。他说用"春秋"来命名这个产品,是因为"春秋时期是一个百家争鸣的时代,同时也是教育和文化盛行的时代"。国内的安全行业正处于一个爆发阶段,这也为 i 春秋学院这样专注于安全领域的平

---

② K12:是 kindergarten through twelfth grade 的简写,是指从幼儿园(Kindergarten,通常指 5～6 岁)到十二年级(grade 12,通常指 17～18 岁),是对基础教育阶段的通称。

③ 英国《卫报》和美国《华盛顿邮报》2013 年 6 月 6 日报道,美国国家安全局(NSA)和联邦调查局(FBI)于 2007 年启动了一个代号为"棱镜"的秘密监控项目,直接进入美国网际网路公司的中心服务器里挖掘数据、收集情报,包括微软、雅虎、谷歌、苹果等在内的 9 家国际网络巨头皆参与其中。

④ 苹果 Xcode 漏洞事件起因是非官方渠道发布的 Xcode(Apple 集成开发环境)编译器被黑客内置了恶意代码,开发人员使用受感染的 Xcode 编译、生成的应用会被植入后门,收集并上传用户 App 信息,并可能泄露 iCloud 账号密码,直接危害用户隐私、账号和资金安全。

台提供了最好的时机。

　　i 春秋学院的独特之处在于其创新的教学模式。首先,它为学习者提供了贴近实际环境的在线实验平台,让用户可以在虚拟的操作系统中进行操作,像一个黑客一样去攻破虚拟的远程服务器,学习各种攻击及防御软件的使用,让学习者在了解各种漏洞的同时增加安全防御意识。其次,i 春秋学院的人才培养方式很注重乐趣,尤其是对于广大信息安全爱好者而言,i 春秋学院提供了强大的在线挑战功能,以它独创的虚拟实验环境为基础,让学习者身临其境,在有限的时间内攻破各个难关,其中包括常见的越权访问、框架漏洞、信息泄露等题目。平台同时也收集了中国网络安全大赛的题目,为竞赛爱好者提供很好的练习平台。

　　此外,i 春秋学院提供了非常高质量的内容,它经常邀请各个安全领域中的技术大牛提供精彩的课程,其中包括乌云、白帽子等著名的黑客团队,也包括启明星辰、360 等企业合作伙伴。最后,信息安全是个不断更新的行业,所以对于 i 春秋学院而言,平台内容的更新十分重要。平台不光提供各种经典漏洞的防护教程,也提供着对于最新安全问题的防御、解决方法。而 i 春秋学院本身就是广大信息安全技术爱好者的聚集地,相同的兴趣导向自然而然就形成了一个相互交流的社区。i 春秋学院也充分地发挥了这点,在平台上用户可以进行技术疑问的交流,针对焦点问题的讨论,让学员在磨炼技艺的同时广交朋友。

　　如今大部分在线教育平台主打的都是资源,而往往忽视了对于学习者个人的培养。i 春秋学院能给不同职业的学习者提供清晰的学习规划图,为有着明确职业目标的用户规划出一个长期的学习计划,帮助他们从众多课程资源中筛选出符合自己职业规划的课程,由浅入深进行培养。而针对那些没有明确职业目标,却对信息安全领域感兴趣的人们,平台会统计他们选择的课程,从多个维度去分析用户逐渐累积的能力,从而让用户明白自己的兴趣及强项,更好地进行自我评估和职业选择。此外,i春秋学院同时还为学员提供了与企业的对接,互联网企业能够从平台上获得适合他们的人才。这意味着i春秋学院形成了一个职业规划-能力培养-证书颁布-企业应聘的完整闭环。

近几年来国内的互联网教育行业发展迅速,比如以爱乐奇、宝宝树为代表的互联网早教平台,极客学院、慧科教育等为代表的职业培训平台,还有猿题库、粉笔网这类的考试培训平台。2014年中国在线教育市场规模达到900亿,同比增长将近18.9%,中小学教育成为了主要动力(见图5-1)。互联网教育近几年一直保持着快速增长的趋势,可以说是一块非常有潜力和远景的市场。

图 5-1　国内在线教育市场规模

5.2　网络传媒的崛起

不同于其他的产业,传媒行业的赢利不是靠出售实际的产品,而是靠"吸引力"。无论是文字、声音还是影像,传媒的目的都是为了吸引人们的"眼球",继而通过广告等其他衍生行业产生价值。在十几年前我们可能还每天早上读读报纸,每天晚上看看电视连续剧,而如今什么内容基本都可以通过网络获得。在互联网的冲击之下,传媒行业都发生了什么样的变革呢?

5.2.1　影视业的革命家

20 世纪 90 年代,美国电影租赁行业正由 Blockbuster 独占。在那个网络不发达的年代,电影发行收入中有 40% 来自于 DVD,其中最主要的部分是来自 DVD 的出租。Blockbuster 是按租赁的 DVD 数量付费,到期没有归还就会被收取罚款。1997 年的一天,一个叫里德·哈斯廷斯(Reed Hastings)的年轻人由于租赁的影碟过期,被 Blockbuster 罚款了 40 美元。这个年轻人随后创建了我们熟知的在线影片租赁公司 Netflix。在哈斯廷斯看来,Blockbuster 的这种收费模式并不人性化,所以 Netflix 创立之初采用的是按月付费的 DVD 租赁模式,用户只需要交 20 美元的月费,就可以无限制租用 DVD。这也是后来 Netflix 用户订阅模式的前身。

Netflix 第一次对行业的颠覆在于与互联网的结合,采用线上预定线下配送的简单 O2O 模式。没有了实体店,既节省了成本,也解决了货架摆放空间的瓶颈。Netflix 通过建立区域配送中心,对 DVD 进行储存和邮寄,从这点看,Netflix 更像一个物流公司。此外,当时即使是较大的实体店,能够选择的 DVD 也只有几百种。互联网平台摆脱了实体店的库存限制,为用户提供了更多的影片选择。同时,这种按月付费并没有观看限制的订阅服务,逐渐得到了更多人的喜爱。由于没有及时适应互联网带来的变化,曾经的行业巨头 Blockbuster 于 2013 年宣布破产。

Netflix 的第二次革命源于流媒体技术的普及。流媒体也就是我们常说的在线视频播放,是互联网对传统有线电视行业的正面冲击。随着越来越多的人更愿意通过网络观看电视节目,Netflix 于 2010 年推出在线流媒体服务,用户通过付月费就可以无限观看各种电视和电影资源,到 2015 年 12 月其全球付费用户已经达到 6500 万(见图 5-2,纵坐标上的 m 表示 million),而美国最大的有线电视运营商 Comcast 也仅有 2400 多万付费用户。如今通过流媒体观看电视节目的人数在迅速增长,与其伴随的是缓缓下降的电视观看人数。包括 HBO 和 CBS(哥伦比亚广播公司)等传统有线电视提供商也纷纷开始向流媒体转型。

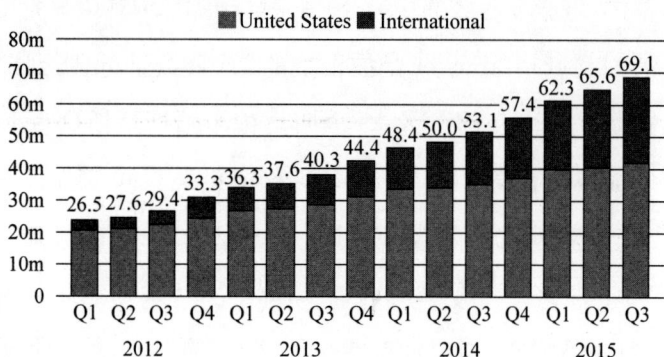

图 5-2 Netflix 流媒体用户总数

众多公司开始涌入流媒体行业,那么 Netflix 又是如何在众多竞争对手中脱颖而出的呢?首先就是用户体验,Netflix 作为全美唯一一家没有广告的流媒体服务商,赢利模式很明确,就是每个月收取 7.99 美元的会员费便无限观看平台上的影视资源,这个相对于过去每个家庭所交的有线电视费用来说其实非常低。其次,是 Netflix 平台的开放性,包括游戏机、电视盒子和各类智能终端都可以访问 Netflix。最后,也是作者认为 Netflix 最令人称道的,就是它高度智能化的推荐体系和背后的数据算法。

Netflix 为所有的电影加上标签,包括电影的结局、明星、导演、情节、地点等。Netflix 通过算法确定每个用户的偏好,结合不同的标签,为用户进行个性化的内容推荐。Netflix 甚至在全球招聘专门负责贴标签的岗位,工作内容就是每天看电视剧和电影。2006 年，Netflix 宣布启动名为 Netflix 大奖的竞赛，公开征集推荐系统的最佳计算机算法，第一个能把推荐系统准确率提高 10％ 的选手将获得 100 万美元的奖金。这吸引了来自世界各地的 4 万多个参赛团队，经过近三年的较量，这个奖由一个工程师和统计学家组成的小团队获得。这是一次十分合算的研发外包，同时也是很有创意的商业广告。100 万对于 Netflix 来说是很小的数量，这不光为它带来了更多的商业价值，同时也让它发现了一大批人才来作为日后研发的后备军。

相对于其他的视频网站，较低的用户月费带来的是资金的限制，Netflix 没有选择去购买大量的影视版权，而是押注于算法判断哪些剧集将流行。当一部片子很火的时候，它的版权费会非常高，而 Netflix 通过数据分析去预测哪些剧会火，提前就买下好几个季度的版权。其中最有代表性的例子就是前一阵热播的电视剧《纸牌屋》。Netflix 通过对用户的观看习惯分析，发现很多人仍然在观看 1990 年的 BBC 经典电视剧《纸牌屋》，并且喜欢看这部剧的人同样也喜欢大卫·芬奇（David Fincher）导演的电视剧，或者凯文·史派西（Kevin Spacey）主演的电视剧。所以，当大卫·芬奇要翻拍新版《纸牌屋》并由凯文·史派西担任男主角时，Netflix 直接花一亿美元买下了两个季的版权。事实证明 Netflix 的选择是正确的，《纸牌屋》播出后，该剧的观众人数和总观看时长都高居榜首，第二季收视率更是达到了三千万。

纵观国内，乐视可以说是视频付费模式的先驱者。乐视在上市之初就非常重视版权，随着监管部门对盗版视频的打压越来越严重，这种模式的重要性日益凸显。乐视网通过软硬件结合的商业模式，将硬件作为重要的入口，最终变现为软件端的流量。除了乐视之外，国内其他视频网站也在逐渐采用这种付费模式。爱奇艺作为中国付费用户规模最大的视频网站，建立了包含电视剧、电影、动漫在内的十余种中国最大的正版影视库。它通过高质量的网络独创内容，以及丰富的视频资源吸引了以年轻人为主的广大用户群体。

爱奇艺以视频为入口,通过爱奇艺文学、电影票预订、游戏、社交、电商、电视盒子等建立了人与信息、人与互联网服务的连接。

在线视频在满足人们观影需求的同时也存在着它自己的瓶颈。这个瓶颈不是视频花费、技术难度、影视资源,而是人们的眼球时间。为什么文字媒体在如今没有被视频媒体所取代,这归咎于人们的阅读习惯。文字的阅读可以达到一目十行,人们可以从文字中快速找到自己感兴趣的内容,而视频则需要根据时间轴进行播放。我们是可以跳转视频进度,但是对于视频整体内容没有把握,这是一种盲目的信息搜索。虽然现在许多视频网站能把用户可能感兴趣的片段用标签标明,但这种标签是同一的、人工的,并不会针对每个用户的不同需求进行个性化标记。清华大学正在研究一种视频标签技术,通过大数据分析,总结出人们对于一个视频感兴趣的内容片段,在视频的时间轴中用标签标明,可以帮助用户直接对感兴趣的内容进行观看。在未来,人们看视频新闻或许能够达到文字新闻的效果,通过时间尺度的压缩,更快地获取人们需要的信息。

5.2.2 音乐社交新玩法

国外的 MySpace 可以算是音乐社交最早的涉足者,它不光提供了一个平台让用户可以与他人分享自己喜欢的音乐,更重要的是为草根艺人提供了一个舞台让他们可以展示自己的才艺。虽然 MySpace 最后由于种种原因陨落了,但在线音乐社交的概念并未随之消失。比如现在国内的用户可以用网易云音乐、虾米音乐、QQ 音乐等平台来听歌,然后通过微信、QQ、微博等社交平台分享给好友。但这仅仅是浅层面的社交,国产 K 歌软件"唱吧"可以说是深度音乐社交的践行者。

唱吧本质上是一个基于社交的 K 歌手机应用,它将 KTV 的功能搬到了虚拟的网络社区,让众多用户在同一个虚拟房间中 K 歌,并加入了点赞、评论、送花等功能,让用户之间可以充分互动。在一个音乐平台上,你可以跟一群陌生人切磋歌技、合唱歌曲,甚至组成乐队定期演唱和排练。相比于音乐内容的分享,唱吧提供的是一种实时的交互,让用户可以充分地融入到娱乐体验当中。这种模式可以说是对传统移动音乐应用的一次突破。同时,唱吧为音乐爱好者提供了一个宝贵的舞台,其完备的功能让用户可以录制自己的歌曲和 MV,让音乐爱好者们可以通过唱吧这个平台向更多人展示自己的才艺,甚至形成自己的粉丝团体,这也让唱吧挖掘了很多草根明星。如此看来,唱吧更像是一个具有娱乐功能的社交平台,用户是内容的生成者,突破了传统音乐软件单方面让用户获取内容的模式。无论是各种活动主题的房间、原创 MV、歌曲排行榜,都是由活跃在唱吧上的用户创建的,而唱吧提供的仅仅是个平台。

对于唱吧这类娱乐社交平台来说,用户数量是非常重要的。构成这个庞大用户基数的绝大部分是那些喜欢唱歌的人,像唱吧这样的移动应用可以满足他们随时随地 K 歌的需求,还免去了 KTV 的费用。唱吧还让用户可以有自己的个人主页,分享自己唱的歌曲和录制的 MV,而这也是唱吧真正吸引用户的关键——唱吧的所有用户都可以成为你的听众。唱吧的送花机制可以说是吸引用户的另一个亮点,同时也充分激发了用户在平台上的互动欲望,这种听的人对唱的人自发激励很容易形成良性循环。然而,唱吧每天只提供 3 束免费鲜花,超出的需要用钱去买,而这也就成为了唱吧的一个主要收入来源。唱吧可以利用平台上的明星效应,吸引热情的粉丝去消费献花等礼品。此外唱吧可以通过主动培养一些艺人,积攒人气,转换为平台收入,在未来还可以通过商演、代言等方式赢利。

唱吧在 2012 年上线,上线后仅仅 5 天便跃升至 App Store 总榜第 1 名,10 天就累积到了 100 万用户,不到半年时间内用户量突破 1 亿大关,被业内称为"不可复制"的奇迹。

对于唱吧的未来,陈华表示要进军线下 KTV,打造从线上点歌和支付到线下消费和服务的 O2O 闭环。借助这种方式,将唱吧线上的几亿用户有效转化为唱吧线下 KTV 的消费群体。对于唱吧而言,虚拟物品付费制并不能立即带来可持续收入,因此线上的赢利收入仍然有限。相对而言人们对于实体 KTV 的消费则更为可观,陈华希望通过线下市场激发唱吧用户的消费能力。

目前唱吧已经与北京的麦颂 KTV 达成合作,在唱吧的新版本中,已经加入直播和包房 K 歌等功能。未来,用户在实体 KTV 唱歌时,可以与线上用户互动,并收到用户赠送的真实鲜花和礼品,并利用线上的积分进行线下消费。虚拟社群中的用户可以相约去实体 KTV 一块切磋歌技。然而,目前 KTV 市场门槛较高,互联网公司能否利用自己的品牌优势撬动这个市场仍然未知。不光是高昂的版权费用,还有线下市场的培养成本,对它们而言都是一个极大的考验。

5.2.3 自媒体时代

自媒体(We Media)的概念正式出自于 2003 年 7 月美国新闻学会媒体中心发布的研究报告,也就是指由普通大众提供与分享信息。"西祠胡同"、"水木清华"等 BBS(电子公告牌系统)论坛可以算是我国自媒体的雏形。随着 2000 年博客进入中国,新浪、搜狐等各大门户网站纷纷涌入博客阵营,开启了中国自媒体的一个小高潮。而现在,微博和微信是主要的自媒体平台。

名人效应为微博吸引了众多粉丝,又由于其低门槛、操作简便、可伴随等特征,使得众多草根也经由微博成为了网络红人,其中最具代表性的便是"集美貌与才华于一身的"Papi 酱。出生于 1987 年的 Papi 酱原名姜逸磊,2015 年 10 月开始在微博上传原创短视频,以其诙谐、搞怪的内容迅速吸粉,2016

年她获得真格基金、罗辑思维、光源资本和星图资本共计 1200 万元融资,估值 1.2 亿元左右,被称为"2016 年第一网红"。相较于网络自媒体节目《罗辑思维》的 PGC(专业生产内容)模式,Papi 酱是真正的草根 UGC(用户生产内容)模式的代表。她让我们看到,在这样一个开放又多元的互联网平台中,每个人创造的内容都有了分享与传播的可能,不过在传播过程中也要把握好内容的质量。⑤

晚于微博出现的微信公众平台,可以说是当前自媒体平台上的新宠。在这个平台上无论是个人还是企业都可以开通自己的公众号,向其他人展示自己创造的内容。这相当于给了用户一个开放的自媒体平台,让用户可以根据自己的兴趣关注特定的公众号,实现以用户为中心的内容获取方式。如今微信公众号的功能已经扩展到各个方面,从美食推荐到酒店预订,再到单词翻译,各类公众号纷纷诞生。有些人甚至认为微信的公众平台已经开始变得越来越像 App Store 了。在智能手机诞生以来,各类 App 一直是移动平台上服务访问的主要入口,而微信公众平台带来了一种新的入口,各类公众号已经让微信成为了第三方服务的集中平台。

可以看出微信在移动入口的争夺中开始了新的布局。微信公众平台不光可以让用户创建自己的个人媒体账号,同时平台也逐渐开放了自己的 API(应用程序编程接口)让开发者们有了更多的发挥空间。微信上亿的平台用户,无论是对于公众号的开发还是推广都能带来很大的便利。在未来,对于移动应用开发者而言,或许不用再苦恼于为 iOS 还是 Android 开发,而是通过统一的微信公共接口编程。其在未来的发展潜力实在不可估量。

---

⑤　2016 年 3 月 18 日,广电总局要求 Papi 酱的节目进行下线整改,去除粗口低俗内容,符合网络视听行业的节目审核通则要求后才能重新上线。

5.3　那些年我们追过的游戏

从广义上来说,基本上有规则的娱乐活动都可以定义为游戏,它属于人类文化产物的一部分。而我们主要讨论的则是狭义上的游戏,也就是常说的电子游戏。无论是当年红白机上的《超级玛丽》、Gameboy 上的《口袋妖怪》、PC 上的《仙剑奇侠传》,还是 PlayStation 上的《最终幻想》,作者相信游戏一定伴随着很多人成长的过程。随着互联网的发展,游戏也逐渐成为了一种服务,是游戏提供商给玩家的一种服务。

5.3.1　玩游戏也外包

随着玩家需求的增长,许多周边行业也被催生出来,而其中作者要重点介绍的就是游戏代练。所谓游戏代练就是按照玩家的要求,在指定时间内帮助他们达到指定的等级或者获取指定的装备,从而得到相应的报酬。如今代练已经成为了一种职业,据统计中国的职业代练已经达到了 40 万人,占据全球市场的 80%。有些读者可能会比较奇怪,为什么会请别人帮你玩游戏?这感觉不就是买了电影票,让别人帮你看电影吗? 其实,游戏带给人们的娱乐体验要比电影等娱乐方式复杂一些,游戏根据等级和进度会展现给玩家不同的游戏内容,而每个玩家对于这种内容的需求是不同的。比如《魔兽世界》中玩家只有升到满级后才能去打那些高级的副本,才能获取顶级的装备,所以玩家才会快速"冲级",去解锁新的游戏体验。

代练的出现是为了满足那些没有时间但又想快速升级或完成某些任务

的玩家,对于他们而言乐趣在于享受这个结果,而不是获得结果的这个过程。这也是可以理解的,因为升级往往伴随着重复而单调的任务,而人们总是想尝试新鲜的东西,如果时间有限你肯定更愿意享受拿着高级装备去跟人对抗,而不是日复一日地刷钱刷经验。而对于代练来说它们的时间成本要比一般玩家更低。比如《魔兽世界》对于新手而言从一级练到 100 级需要至少一周的时间,而职业代练则可以在两天之内完成。代练不光掌握着熟练的游戏技巧、高级的装备,同时还操纵着多个玩家的角色并行练级,他们向每个玩家收取几十元到上百元不等,十几个玩家累积就有上千元的收入。所以我们也常常在新闻里看到所谓的游戏工作室,一个屋子有着数台主机和计算机,由一个人同时操作。网游对于外挂的强力打压也是促成代练这一职业火热起来的原因,在没法作弊的游戏体系中,劳动力是唯一和资产、等级挂钩的,而不愿付出劳动力的玩家不能依靠软件就只能依靠人力。其实,网游的代练也是互联网经济的一种表现形式,它将有需求和有劳动力的人对接在了一起,相当于一种网络平台上的一种外包服务。

5.3.2　走到哪玩到哪

手机游戏的诞生可以追溯到 20 世纪 90 年代,最初都是由厂商内置在手机中的,谈不上什么商业模式,基本上是为了增加手机的卖点。随着移动互联网以及手机应用市场的诞生,手机平台逐渐变得开放,越来越多的人可以参与到手游的开发中,手游的种类和内容也越来越丰富,手机也已成为人们玩游戏的一个重要终端。据统计,截至 2015 年国内手游市场规模已经达到 400 亿元,占据了当年中国整个游戏市场的 30%。手机相对于其他游戏平台有着独特的优势,例如,相对于 PC 以及主机平台的便携性,让人们可以随时随地享受游戏体验。相对于掌机平台,手机作为一个生活必需品有着更广的使用人群。随着技术的发展,手游的游戏质量将进一步提升,移动端很可能在不久之后成为人们玩游戏的主要平台。

手游的收费点可以分为几个部分。首先,如同上文中提到的 PC 游戏一样,可以通过版权收费。以 iPhone 为例,App Store 中一个游戏的下载会收取几美分到几美元不等的费用。而对于国内市场而言,版权意识相对薄弱,大多数人不愿意为了玩一个游戏而交费。这就出现了按内容收费的模式。对于部分手游厂商,它们让用户免费下载体验部分游戏内容,而剩余的内容需要付费解锁。这对于游戏内容的吸引力是个很大的挑战,对于一些名气不大的精品手游厂商这可能是个选择,但大多数手游很难达到这个标准。于是,很多游戏公司都开始尝试完全免费的模式,通过广告和增值服务赢利。典型的例子就是 QQ 游戏的各种会员特权吸引了很多玩家花费大量的人民币去充值。但是充值业务在一定程度上也会影响游戏体验,比如 2013 年令人们由期望变为失望的手游大作《植物大战僵尸 2》,过高的游戏难度设定,以及大量需要付费解锁的物品招来了一片骂声。

就目前而言,广告收费仍然是手游的主要收费模式,游戏公司通过广告在游戏中的出现次数和时间获得收入,相对而言这是收入最少的模式。但也有例外,比如 2013 年火爆一时的 *Flappy Bird*,内容简单、难度高,玩家平均不到一分钟就会完成一局,而每局结束时会弹出两次广告,通过大量的玩家数和快速的游戏频次,这款游戏每天通过广告的收入有大约 5 万美元。

5.3.3　游戏直播——电竞新产业

随着互联网的普及,游戏已经成为连接不同玩家的平台,电子竞技也随之兴起。如今,职业玩家们拿着体育奖学金,拥有自己的战队、教练、经纪人,每天都要坚持训练十几个小时以保持职业水准。可见电子竞技早已不是简单的游戏娱乐体验，它更强调合作与对抗，注重操作技巧与意识，既需要天赋也需要长期的努力。

全球数以亿计的忠实游戏玩家、每年上千场全球锦标赛，电子竞技正在成为全世界最大的运动项目。很难想象，如今一个游戏玩家也可以成为明星，通过打游戏比赛而获得上百万元的身价并在全球拥有上千万粉丝，影响力甚至超过一些传统意义上的明星。无论是顶级玩家，还是电竞赛事，都有着广大的观众人群。就跟人们愿意观看篮球赛等体育赛事一样，人们同样也享受电竞带来的视觉盛宴，于是游戏直播这个行业就随之诞生了。可以说电子竞技自诞生以来就与互联网紧密结合，不光拥有庞大的玩家数目，更是拥有互联网这个最佳的传播媒介。电竞直播的发展速度之快让传统体育直播都望尘莫及。《英雄联盟》这一个游戏的世界总决赛观看人数甚至已经超过了 NBA 总决赛。可以说电子竞技的直播已经成为一个新兴的热门行业。

谈到游戏直播，我们必须谈一下 Twitch 这个全球最大的游戏直播平台。Twitch 的创始人爱米特·希尔(Emmett Shear)和贾斯汀·坎(Justin Kan)在创建 Twitch 之前运营了一家在线直播网站 Justin.tv，上面包括科技、体育、娱乐、游戏等板块，而当时正在起步的 Youtube 还没有涉及直播这一功能。在平台的各类直播中，游戏板块的成长速度远远超过其他的内容，以至于他们决定要专门为游戏直播设立一个独立的平台，于是 2011 年 Twitch 便诞生了。Twitch 的用户量随后开始快速飙升，上线一年就达到了 2000 万观众。2014 年，Twitch 被亚马逊以 9.7 亿美元的高价收购，它让很多人第一次认识到了游戏直播的市场潜力有多大。目前 Twitch 在美国的互联网流媒体中排名第四，前三名分别为 Netflix、Google、Apple(见图 5-3)。至 2014 年年底，Twitch 已经达到每个月有超过 1 亿的直播观众、150 万的活跃主播、110 万直播节目，一度为人们称为游戏界的 ESPN(美国体育直播电视网)。

可以说，Twitch 充分满足了游戏玩家们想要分享、体验游戏乐趣的渴

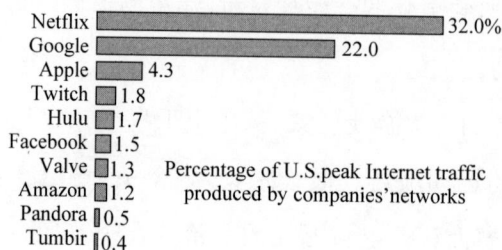

图 5-3　全美互联网峰值时期流量来源的占比

望。追溯到最早的街机时代,就早已出现一群人围观着一个高手打游戏的情景。人们既是在享受观看其他玩家展示他们的技术,也是在学习。20 世纪90 年代随着《街头霸王》这类极富挑战性的街机游戏的兴起,也诞生了游戏录像这个产业。可以说,人们对于观看游戏的需求早已存在。如今,随着互联网时代的到来,无论是游戏大赛,还是游戏节目,人们都可以实时收看到。这就如同人们乐于看"超级碗"(美国国家美式足球联盟的年度冠军赛)、NBA,乐于听体育赛事的现场解说一样,游戏直播给人带来的也是视觉和听觉方面的享受。

　　Twitch 的成功离不开专注,将所有的精力都投入到游戏直播这一个服务,这也使得其成为了广大游戏爱好者的第一选择。希尔自己也说到"其他公司每花一小时在游戏上,我们就能花上十倍的时间,因为那是我们唯一在做的事情。"Twitch 对视频质量的要求很高,同时它的整个服务框架都是围绕视频直播而创建的,对于细节的追求在初期就得到了玩家们的赞赏。Twitch 对于播客们很友好,允许他们选择在自己直播的什么位置插播广告,并提供给播客一定的广告收入分成。同时玩家订阅直播频道的收入,主要也归游戏主播所有。Twitch 的分成模式鼓励直播者们打造自己的频道与品牌。收视率的提升可以为主播们带来更多的收入,也在鼓励着他们为Twitch 平台生产更优质的内容。可以说 Twitch 搭建的是一种民主化的媒体平台,让播客们可以在平台上打造自己的媒体频道,让玩家们成为每个频道的赞助者。

Twitch 平台自身的赢利方式分两类。第一类是广告收入,在直播中插播广告,并为播客提供分成。同时 Twitch 还会与很多游戏赛事举办方合作,为比赛提供直播,获得广告收入。第二类则是订阅,也就是指某些玩家可以花钱订阅一些主播的直播频道,这样会给予观众一些特权,比如可以和主播直接互动,跳过广告,还有发送一些特殊的表情等。订阅模式更多表现的是玩家对于主播频道的支持。除此之外,Twitch 也吸引了微软和索尼这样的游戏主机巨头跟它合作,在畅销游戏主机 Xbox One 和 PlayStation 4 上允许玩家进行使用 Twitch 平台进行游戏的在线直播和观看,这甚至成为这些游戏主机吸引买家的一个亮点。同时以暴雪娱乐为代表的各大游戏开发公司也开始与 Twitch 建立合作伙伴关系,希望通过 Twitch 来推广它们的游戏。往往一个游戏公司想要宣传一款游戏需要投入很高的营销费用,但是 Twitch 作为广大游戏玩家的聚集地让这变得很方便。

国内的游戏直播平台大部分兴起于 2013 年左右,比如斗鱼、虎牙、战旗、龙珠等仍处于发展阶段。总体来看各大平台基本都属于烧钱的阶段,纷纷花高价邀请著名主播和战队帮自己拉拢流量,但仍然没有实现很好的赢利。随着腾讯、网易、巨人等企业纷纷开始介入了游戏直播这一行业,各个平台的竞争将会逐渐加剧。虽然游戏直播这块市场很大,但是如何持久赢利仍然是一个有待解决的问题。

5.4　出行于网络之上

如果说游戏是以年轻人为主体的娱乐方式,那么旅游出行可以说是不同年龄层的人都会选择的消遣方式。旅游出行既可以高端奢华——坐着私人飞机去迪拜的卓美亚帆船酒店看波斯湾的夜景,也可以经济实惠——跟几个小伙伴一块骑行,住在新疆环赛里木湖的民宿中体验当地的文化风情。旅游总是伴随着诸多的选择与规划,这对于人们来说既是享受也是烦恼,互联网的发展为旅游出行带来了新的曙光。

5.4.1 旅游电商的到来

20世纪80年代,中国旅游市场逐渐开始萌芽。在那个时期,人们出行旅游主要都是依靠旅行社安排旅游计划。这不但很麻烦,而且旅社在价格方面往往有着更高的话语权。随着旅游市场的发展,竞争日益激烈,当时的旅游行业地域分割现象很严重,每个省和城市都有着自己的旅行社,高昂的广告推广成本和店面管理成本让传统旅行社的利润越来越稀薄。如何将松散的旅游市场整合起来成为了传统旅游行业一个急需解决的问题。而这个问题的答案就是互联网。

1999年,刚刚从美国留学归来的梁建章和他的两个朋友沈南鹏、季琦共同创建了"携程旅行网"。当时他们的想法很简单,就是要做一个旅游电子商务网站。就如同当时的新浪、搜狐这类门户网站整合了传统媒体的资源一样,携程想把全国松散的旅游资源整合在一起以提供统一的旅游信息和服务。携程的商业模式很清晰,通过前端营销笼络大量的会员客户,后端向酒店和航空公司获得更低的打折,在中间赚取佣金。简而言之,携程就是酒店和航空公司的渠道商,通过网络平台销售房间和机票,再利用后台庞大的电话呼叫中心做预订。

相对于传统的旅游服务企业,携程作为一个依靠互联网起家的公司有着更灵活的产业结构。携程作为一个全国统一的中介平台,提供了消费者与供应商的直接连接,避免了全国各地分散的批发、零售产业结构,这不但能保证统一的服务质量与价格监控,而且大大提升了效率。同时,携程通过网络和电话提供旅游服务,免去了实体店的运营管理成本。互联网的另一个优势就是实时的信息查询功能,这对于旅游消费产品是很重要的。房间和机票不同于传统的商品,如果过了日期就会丧失价值,所以各个公司都不惜降价将它们在过期前卖出。传统的营销模式代价高昂并且信息具有滞后性,而互联网提供了实时的价格反馈。可以说携程成功地将互联网与传统旅游服务产业相结合,提供了线上消费者与线下产业链的连接。这个商业模式也成为诸多旅游企业模仿的对象。比如后起的旅游网站"艺龙",港中旅投资的"芒果网",还有中青旅与升腾公司投资的"遨游网",都提供了从酒店机票预订、旅游度假产品、差旅管理等在线旅游服务,在此我们把它们统称为 OTA(在线旅行社)。

随着越来越多的 OTA 出现,在线旅游网站也逐渐呈现了散乱的局面,这也就促使了"去哪儿网"这类旅游搜索引擎网站的诞生。去哪儿网创立于 2005 年,当时国内已经有了携程、艺龙等众多 OTA 网站。去哪儿网的定位就是垂直搜索引擎,为消费者提供各类 OTA 网站的价格比较,让用户能够方便地找到最实惠的折扣。它的货架上就是各类 B2C 旅游电商网站的数据,消费者点击后就会跳转到对应的 OTA 网站,并在 OTA 的网站上完成交易。如果说携程是一个销售代理,那么去哪儿网更像是一个信息整合平台。这种商业模式的差异,也决定了赢利来源的不同。据统计,携程网有 80% 以上的赢利来于自酒店、机票预订,而去哪儿的营收中有 90% 以上是来自于广告。而广告收入分两类,一个是针对上游的代理商进行用户点击量的收费。去哪儿网提供商品的展示,将消费者引导至对应的 OTA 网站,并向其收取一定的费用。而第二种则是在网站上投放广告,凭借去哪儿网本身的高访问量,进行广告展示的收费。如此看来,去哪儿网创立之初与 OTA 网站是一种相辅相成的关系,但是如今去哪儿网已经开始涉足线下酒店的代理业务,

通过自己累计的用户量对携程等 OTA 网站造成了直接的威胁。而在 2015
年 10 月份,携程与去哪儿网宣布合并,开创了中国在线旅游产业的新格局。

5.4.2 酒店业的危机

就在国内各类旅游网站竞争与合并的同时,大洋彼岸的一个行业新星,
正在悄然改变着旅游住宿行业的传统格局。这个新星正是 2008 年成立的
Airbnb。传统的旅游住宿行业无外乎都是提供用户与酒店之间的 B2C 连
接。而 Airbnb 则颠覆了这个模式,让用户能够成为房屋的提供者,打破了酒
店行业多年来对于旅游住宿领域的垄断。用户有闲置的房源,Airbnb 提供
了一个平台,将这些资源与有需求的用户进行匹配。Airbnb 可以说是互联
网背景下分享经济的代表,让人们闲置的资源得到了充分的利用。而这个分
享模式,在互联网的背景下会被不断放大。Airbnb 目前已经在全球 192 个
国家,约 33 000 个城市,提供了将近 80 万的客房资源,而全球最大的酒店集
团希尔顿,其客房总数也仅有大约 68 万间。

Airbnb 之所以能够挑战酒店行业在传统旅游住宿中的地位,也是充分
抓住了游客的痛点。首先就是低廉的价格,这也是 Airbnb 最大的杀手锏之
一,民间房屋并没有正规酒店那样高昂的运营成本,这也使得住宿费用可以
便宜许多。以美国旧金山为例,酒店平均价格在 200 美元以上,而 Airbnb 的
平均房屋价格则不到 100 美元。其次,Airbnb 打的是"社交旅游"的旗号,让
游客能够融入当地的文化当中,体验本地人的生活,而这个也被证实是多数
游客的需求之一,因此它毫无疑问成为了 Airbnb 吸引用户的一大亮点。民
间房源的另一大优势就是地理位置的可选性更多,游客可以根据自己的行程
安排选择适合的住宿场所。

对于一个提供用户之间连接的平台,如何赢利是一个很关键的问题。

Airbnb 的赢利模式非常清晰,客户可以把自己的房屋免费在 Airbnb 上展示,但如果有人预订住宿,那么就需要支付佣金。Airbnb 的收费是双向的,对于屋主 Airbnb 会根据租金的高低收取 6%～12% 的服务费,而向房客 Airbnb 会收取 3% 的服务费。创建之初,Airbnb 利用 2008 年在丹佛举办的民主党代表大会进行了成功的推广,Airbnb 抓住了当时酒店房间紧缺的机会并在那时快速提升了用户数和知名度。此后 Airbnb 沿袭了这一经典的推广模式——2012 伦敦奥运会,Airbnb 上的 1800 个房主接待了 9700 个客人;2014 年巴西世界杯,12 万人选择了住在 Airbnb 的房屋中,为当地屋主创收3800 万美元。Airbnb 很会利用大型活动进行推广,这不仅是发现新客户的机会,也是免费的推广。

说到在线旅游预订模式的颠覆者,我们不得不谈到 Priceline。由杰·沃克(Jay Walker)在 1998 创立的在线旅游服务网站 Priceline,如今已经远远超越其他竞争对手,成为全球最大的在线旅游服务商。如果说传统 OTA 网站提供的是各个卖家的价格信息让买家去选择的话,那么 Priceline 则是相反的。它让消费者在网上提供自己愿意支付的机票、酒店价格,然后 Priceline 负责去对接那些愿意接受这个报价的航空公司或酒店,这种模式被 Priceline 称为"Name Your Own Price",用中文来说这就是一种"逆向拍卖"。这就好比在拍卖会上,由各个买家先出价,然后再看有没有举牌的卖家。一旦成交,Priceline 会向买卖双方收取一定的中介费,而且如果供应商的价格比买家的报价更低时 Priceline 则可以吞掉其中的差价。这种模式下,Priceline 可以比一般 OTA 网站上的酒店报价便宜不少,而这种价格上的优势对于消费者而言无疑是一个很大的吸引力。

旅游行业可以算是世界最大的产业之一了,有着庞大的消费群体。随着人们的生活水平逐渐提高,旅游出行已经成为了人们休闲消遣的主要方式之一。中国如今已经成为了全球最大的旅游消费国,去年国内旅游人次达到了

36 亿,而 2015 年更是突破了 40 亿。互联网的发展为旅游行业带来了新的机遇,在线旅游服务为人们带来了方便与快捷的旅游体验。同时,对于传统旅游行业来说又是一个很大的挑战,如何适应互联网时代旅游消费需求和服务渠道的改变,成为传统旅游行业能否在互联网时代生存下去的关键。

5.4.3　告别挥手叫车

在那个没有互联网的年代,我们经常能看到人们站在路边扬手打车的情景。那时,整个出行市场处于一个供需不对接的状态,打不到车是常事,司机也经常找不到乘客。虽然那时也有叫车热线,但由于人工调度能力有限,而能够接活的司机也是少数,所以实际效果并不理想。可以说出行市场的需求是早已存在的,而且这个需求背后是一个庞大的用户群体,谁能成为市场资源的整合者谁就能享受到巨大的利益。随着移动互联网技术的发展,这个需求的满足成为了可能。

2012 年 9 月 9 日,"滴滴打车"正式上线了。此后,用车市场就相继出现了众多竞争对手,比如由阿里巴巴支撑的"快的"。2014 年两者的竞争达到了白热化,并发生了我们熟知的"补贴大战"。一轮争斗过后两大打车软件各自占据了市场的半壁江山。2015 年年初,两者宣布合并,通过看似疯狂的烧钱圈地行为,实际则实现了滴滴与快的的迅速推广。虽然目前它们占据了用车市场的主要份额,但由于打车软件的操作模式类似,优惠补贴和用户体验又不尽相同,因此用户忠诚度并没有人们想象的那么高,所以市场上仍然存在 Uber、易到等诸多强有力的竞争对手。

为了更好地满足人们对于出行用车的个性化需求,从而在市场竞争中超越对手,各个打车软件都使出浑身解数发掘更贴心的功能。如滴滴现已推出了"专车"服务,定位于中高端群体,主打商务用车,为用户提供了多元化的出行用车方式。而"滴滴快车"和"滴滴顺风车"则是将目标瞄准了私家车,主打"公益性用车",平台不收取任何费用,仅仅是对接想要提供服务的私家车和需要用车的用户。此外,滴滴还提供拼车、巴士等多种出行方式。

纵观这些打车软件,它们实现了司机和乘客的供需对接,通过与高德地图和百度地图的合作,可以实现用户与司机的精确定位。通过后台的算法实现智能化的匹配和优化,降低了司机的空驶率、缩短了用户的等待时间,可以说是对城市出行资源的有效利用。

如果说打车软件改变了过去人们站在路边苦苦等车的局面,那么租车软件的兴起则是将用车的主动权真正交到了用户的手上。下面重点介绍的"PP 租车"就是这样一个能够实现人们出行时用车共享的平台。

PP 租车(英文名 iCarsclub)于 2012 年 10 月在新加坡成立,并在 2013 年 10 月正式进入中国。为将共享租车打造成有温度的出行体验,PP 租车在两年多的时间里完成了多项服务拓展和完善。从最初的点到点租车平台,到现在的二手车帮买帮卖,新能源汽车购买返租等业务。2016 年 3 月,PP 租车将口号升级改为"开身边好车,过快乐生活"。为品牌包装赋予更多情感化的同时,也代表着 PP 租车迎来了新的发展阶段。目前 PP 租车已拥有国内 90%的共享租车市场。

PP 租车的迅速发展与我国当前汽车市场的状况密切相关。根据全球商业咨询公司艾睿铂(AlixPartners)发布的 2015 年中国汽车展望报告,中国汽车市场的年增长率或将降至 4.1%,这个数字大大低于中国汽车工业协会预计的 7%左右水平。在艾睿铂提供的数据中,一汽的产能利用率仅有 50%,奇瑞的为 52%,上汽的为 61%(2015 年数据)。汽车的产能过剩反映在:尽管车辆拥堵、保有量提升,可更多的年轻人依旧开不上车。有车的人还会需要个性化车辆。出行贵、出行难的问题依然存在。于是"分享经济"的发展,在这样的背景下就变得格外有效。

通过 PP 租车的线上沟通，车主可以将闲置的车辆出租给有需求的用户。例如，车主将私家车开往公司后，在下班前都不需要用车，此时就可以把车出租给短时间要用车的人。又如，当我们去一个异地旅游时，就可以通过这个平台租用闲置车辆来享受自驾游。这不仅为租客提供了价廉质优的出行方案，还可以为车主带来 20％～30％ 的年收益率，从而有效降低养车成本。

从功能化产品到品牌建立，PP 租车在分享经济时代正在积极成长，高速增长的用户群也在体验共享租车带来的出行改变。让汽车共享并非易事，信任的建立也绝非一朝一夕。接下来，PP 租车还有很长的路要走。

5.5　互联网金融

在十几年前，互联网服务和金融服务看起来似乎还是毫不相关的两个领域。而如今随着互联网的不断渗透，承载在互联网上的金融服务即互联网金融也逐渐壮大，为数千万的用户提供服务。互联网金融并非互联网和金融简单的叠加，而是很好地结合互联网技术为金融提供服务，进而使传统金融服务具备更强的透明度、更高的参与度、更好的协作性以及更低的中间成本等一系列特征。互联网金融当前比较火热的行业主要包括众筹、数字货币、第三方支付、大数据金融、互联网金融门户等领域。

5.5.1　金融服务新姿态

随着互联网行业的高速发展，一贯"高冷"的金融行业开始逐渐以互联网

化的方式走入公众的视野。互联网金融是一种新型金融业务模式,即有机地
结合当下最热门的互联网技术和金融行业为资金融通、资金支付、投资理财
和信息中介等提供服务。互联网行业与金融行业的结合,大大颠覆了传统的
金融业,不仅把金融投资从精英参与变为全民参与,还把高大上的金融产品
变成通俗的互联网产品。互联网金融不仅让投资理财变得扁平化、简单方
便,还改变了传统金融行业的业务模式。另外,它通过互联网技术建立了更
强大、更低风险的互联网征信体系。互联网金融拥有轻应用、碎片化和即时
性的理财属性,符合其发展模式和市场刚性需求,成为当前街头巷尾热议的
话题以及媒体重要板块的占据者。

　　当前互联网金融主要由传统金融机构和非金融机构组成。传统金融机
构通过采用信息技术来实现互联网式创新、电商化创新,例如,现在的信息化
金融机构对银行业的信息化建设,通过互联网技术对传统运营流程进行改
造,实现经营、管理全面电子化,建成包括自助银行、手机银行和网上银行等
立体服务体系。非金融机构则主要是指通过利用互联网技术进行金融运作
的企业,呈现出多种多样的运行模式和业务机制,包括众筹、数字货币、第三
方支付、大数据金融、互联网金融门户等领域。

　　众筹即大众筹资或群众筹资,兴起于美国网站 Kickstarter,然后推广至
亚洲、中南美洲等地区。它利用互联网和社交网络传播的特性,让小微企业
家在网上展示他们的创意项目,以此得到大家的关注和支持,进而获取一定
的资金帮助,若项目成功投资者也会获取一定的回报。因此众筹平台一方面
通过分类整理以统一的形式来呈现筹资者,能够为风投人、资本家节约更多
的时间,另一方面也为小微企业家提供标准的项目呈现方式,从而吸引更多
的投资人。众筹具有低门槛、多样性、群众化、注重创新的特征。另外,众筹
平台还提升了信息分享和融资速率,让投资方形成一个圈,通过交流等方式
检验产品的优劣,能够让他们做出更加理性的决策。众筹能够给草根投资者

创造投资方向,也是一种新型的理财方式,在国家政策的鼓励下,众筹在近几年变得格外火热,从诸如店面时间、追梦网、众筹网、人人投、资本汇等垂直类众筹网站萌芽到巨头涌入,京东、阿里巴巴分别推出众筹平台,掀起了国内众筹平台的淘汰赛。而京东、阿里巴巴拥有极高的人气以及雄厚的背后势力,因而更容易获得创业团队和投资人的信任。

除了蓬勃发展的众筹模式,以比特币、莱特币等为代表的互联网数字货币也开始露出自己的獠牙。数字货币的爆发式增长,比其他任何模式有更大的颠覆性。比特币作为一种电子货币,是由网络节点计算生成的一串串复杂代码组成,每个人都可能参与制造比特币,它也可以任意接入一台计算机进行买卖。比特币的产生使得现在的交易更加去中心化,流通性更高。2013年6月,比特币被德国财政部认定为记账单位,意味着比特币已经成为合法货币,可用来交税和贸易活动。随后,美国得克萨斯州也裁定比特币为一种货币,并纳入金融法规监管范围。于是,比特币从一个极客(Geek)玩物逐渐走入了大众视野,并在短短的几年内疯长了百万倍。

但比特币炒得火热,也跌得惨烈。2013年11月19日,比特币单枚交易额一度达到7000多元,但是晚上瞬间跌落到4000多元,第二天更是跌至3000多元。比特币还存在一些交易的风险,一度是全球最大的比特币交易网站Mt.Gox由于比特币系统漏洞被利用导致约85万枚比特币被非法转移而轰然倒闭。比特币现在似乎回落到了一个平稳的状态,不管以后是否成功,可以肯定的是,数字货币的出现对现有的银行提出了很大的挑战,这也将会给人类留下一笔永恒的遗产。

第三方支付作为最热门的互联网金融在人们生活中产生了深远的影响。第三方支付指和国内各大银行签约、并具备一定实力和信誉保障的非银行机构,通过互联网技术提供用户与银行支付结算系统间的交易支持平台。目前第三方支付公司主要分为两大类:一类是独立的第三方支付模式,仅仅为用户提供支付产品和系统的解决方案，如快钱、汇付天下、拉卡拉等；另一类是在前文提过的依托在自有 B2C 或 C2C 电商网站提供担保功能的第三方支付，如支付宝、财付通等。

依托电商平台发展的支付平台不仅打破了传统的商业格局，在线上牢牢把握主动的优势，也开始挖掘线下的市场，对传统的银联、信用卡产生巨大冲击。2014 年"双十二"支付宝高调进军线下收单业务，与线下近 100 个品牌约 2 万家门店合作，活动当天使用支付宝钱包付款即可打五折，范围覆盖餐馆、甜品店、便利店等多个场所，打破了银联线下垄断地位。支付宝钱包不仅操作简单，为用户提供补贴，商家也不需要交渠道费，而在线下诱人的补贴和免渠道费的双重冲击下，银联的市场份额极有可能被支付宝抢占。总的来说，第三方支付的兴起，尤其是平台逐步挖掘线下市场，涉入基金、保险等理财业务，不断蚕食着银行的中间业务，对传统的银行业务产生了巨大的冲击。

大数据金融是一个比较新兴的概念，借助依托于大数据和云计算等互联网技术集合海量用户数据并进行高效、实时分析，挖掘用户交易和消费方式从而掌握用户习惯来预测客户行为。大数据金融主要有 4V 特点：Volume（海量性）、Velocity（高速性）、Variety（多样性）和 Veracity（精确性）。相比于传统金融模式，大数据金融有着难以比拟的优势，其主要分为以京东、苏宁为代表的供应链金融模式和阿里小贷、微众银行为代表的平台金融模式。京东就通过电商大数据打造 C2B 智能决策系统"京东慧眼"，通过结合用户行为、市场规模、商品属性、消费趋势等方面进行个性化精准推荐，提高客户的转化率。阿里小贷从电商平台、支付宝等层面挖掘商户、店主的信用额度，并结合社会征信数据，为店主提供贷款服务。微众银行则利用社交网络上的海量信息通过 TDBANK 大数据平台为用户建立基于线上行为的征信报告，有效降低小额借贷的风险。

互联网金融门户最大的价值在于它的渠道价值，它采用金融产品垂直比价的方式,将各家金融机构的理财产品聚拢在一个平台上,很好地帮助用户找到最合适的投资理财产品。这种模式仅仅提供比对功能,不产生任何产品的销售功能,因此不承担任何不良风险,其最大的价值在于它的渠道价值。当前互联网金融门户主要包括融360、91金融超市、好贷网、银率网、格上理财等。有资金需求的用户到金融门户不需像在淘宝购买产品似的,需逐一浏览产品详细介绍,比较参数和价格,而只需要提供自己的需求,反向进行搜索比对。而随着业务发展,当这些金融门户积累相当大的流量,成为互联网金融界的"淘宝"和"美团"时,就会成为各大金融机构、信托、基金的重要渠道,掌握互联网金融时代的入口,引领金融产品销售的方向标。

5.5.2 借贷新模式

在互联网金融领域,P2P(Peer to Peer,个人对个人)金融近年来变得异常火热,催生出如陆金所、人人贷、宜人贷、积木盒子、拍拍贷、有利网等P2P网贷平台。随着行业的发展,这些P2P公司也逐渐在财富管理领域展露出其他主体难以企及的优势,将成为未来互联网金融行业变革的主力军,为行业发展起到至关重要的作用。那么十年前还比较陌生的P2P金融为何现在这么火?这还得回顾一下P2P行业的生长逻辑。

在中国,普通民众闲钱无处投资和小微企业融资难是一个比较显著存在的问题。适合普通民众投资理财的渠道非常匮乏,大多数民众只能将闲钱存在银行里获取极其微薄的利息。民间借贷虽然存在,但该领域长期处于监管缺失的灰色地带,投资方借出的钱往往无法得到任何信用保障。另外,小微企业的资金链紧张和融资难是长期且普遍存在的问题,银行往往由于信誉和财产等诸多问题无法满足大多数小微企业的融资需求,而且通过银行办理借贷业务效率极其低下。因此,在普通民众不知如何投资闲钱获取利益,小微企业也因为信誉、财产等问题无法筹集资金的情况下,如何提高个人金融可获得性是一个非常大的市场,这也成就了 P2P 金融行业异常火热的动因。

P2P 金融作为一个承载在互联网上的牵线平台,很好地解决了上述普通民众和小微企业存在的问题,将众多小额度的资金聚集起来,并借贷给有资金需求的借贷方。这些平台通过信息发现、交易撮合、交易完成等步骤,大大拓展了金融交易对象的范围,不仅让以前相对灰色的民间借贷阳光化、合理化,也为投资人提供了一种新的类固定收益的理财机会。

P2P 金融除了把货币直接借给真正需要资金的个体外,P2P 金融对于完善国内信用体系起到关键性的补充作用。目前除了银行可以接入央行个人征信系统之外,其他非金融机构很少可以共享到权威的个人信用信息。因此,缺乏征信信息的个体,很难依据信用记录得到融资。而 P2P 充分结合了技术和大数据分析能力,有效地对借贷方进行反欺诈和信用双重审核,并且在每笔交易完成后都会留下用户的信用数据,大大弥补了央行的有效个人征信数据。此外,P2P 能准确地刻画借款人的风险并为风险定价,同时在市场上寻找愿意接受风险收益组合的投资方,使其获得了足以补偿不确定性的收益。

"P2P 金融"的概念最早在英国流行,诞生了 Zopa 网贷平台,之后便迅速在美国、欧洲和日本复制,出现如 Lending Club 等网贷公司。它们的口号是"摒弃银行,每个人都有更好的交易"。国内最早的 P2P 金融公司在 2007 年出现,而近五年 P2P 金融行业呈现出井喷式的增长态势,网贷平台数量在 2013 年年底达到 692 家,而 2015 年年底激增到 3598 家,交易额也从 1000 亿元突破万亿大关,服务千万级用户。

人人贷作为 P2P 金融行业的典型公司在这一波浪潮中发展并且壮大,于 2014 年年初完成 1.3 亿美元 A 轮融资,创同年全球互联网金融最高单笔融资记录。人人贷创立于 2010 年,当时中国刚刚经历 2008 年全球金融危机洗礼，股市大跌导致普通民众闲钱的投资变得更加谨慎，而小微企业是一如既往地很难从银行等间接融资渠道中获得贷款。当传统金融机构无法满足数量众多的借贷和理财需求时，张适时等三位人人贷联合创始人似乎看到了一片全新的蓝海，他们借鉴国外网贷平台的先进方式再结合中国的国情，借助个人借贷在金融领域的"长尾效应"来做中国式创新。

人人贷创立之初不断探索投资方和借贷方的需求，最终采用线上线下相结合的方式来搭建互联网 P2P 平台。一方面，所有借款撮合信息均在线上完成，另一方面，由合作方在线下对借款用户的真实情况进行审核，以保障线上所提供资料的真实性，进而控制风险。这种小额信贷平台提供的低门槛、快审批、简手续的便捷借贷服务一经推出就受到小微企业的青睐。而这种类固定收益的闲散资金投资方式也受到了理财用户的广泛追捧。

随着业务的发展，人人贷率先在行业里发布业绩报告，完成在中国民生银行的用户资金存管，以高信誉度和透明度赢得了投资者的关注，成为 P2P 金融领域最具影响力的品牌之一。在人人贷联合创始人张适时看来，安全、专业、创新是人人贷能够取得这么多认可最重要的因素。人人贷强调，为投资方提供安全的投资环境是 P2P 金融企业的生命线，直接关乎企业的存亡与用户的切身利益。人人贷在坚持严格风险控制来解决绝大部分用户投资风险的同时，充分利用互联网思维，在传统金融产品基础上进行创新设计出最符合用户需求的投融资方式，开发出自己的信用借贷体系，从而满足传统渠道无法满足的个人借贷需求。或许正因如此，人人贷才能作为两家互联网金融企业之一，入选工信部发布的"中国互联网百强企业"，并连续五个季度蝉联中国社科院网贷评价体系 AAA 级评级。

作为新兴行业，在 P2P 金融日益"人气爆棚"的同时，诸多金融公司也披着 P2P 的外衣进行非法交易，鱼龙混杂、人员管理无序等问题时有发生，诈骗、跑路、提现困难等问题频现，为 P2P 行业蒙上阴影。2015 年 12 月，"三农资本"在官网发布公告称,"e租宝"通过以高额的利率作为诱饵,虚构融资项目,采用借新还旧、自我担保等方式非法集资 500 余亿元,引发了 P2P 行业的市场恐慌,大量投资人都在申请赎回自己的投资款项,类似的还包括"红福翔创投"开业 3 天跑路,"众贷网"和"立贷网"也出现逾期提现等问题。然而,任何一个有极大潜力的新兴行业,都将经历从野蛮增长到规范发展的过程,甚至有专家说,"现在所谓出的问题,实际上是伪 P2P 和变异的 P2P 出的问题"。随着宏观政策方向的出台、监管条例的逐步落实以及用户投资理性的增加,P2P 行业终将淘汰不正规的平台,朝着健康有序的方向前进。

结束语

互联网如今已经渗透到了服务行业的方方面面。它在颠覆众多传统行业的同时,也让服务业焕发出了新的生机。为什么互联网会带来如此大的改变?回归到本质,就是信息共享和基于共享的连接。无论是滴滴连接司机与乘客、PP 租车连接车主与租客,还是 Airbnb 连接旅客与闲置的房源、P2P 金融平台连接资金与人,它们其实都提供了信息共享的平台。微信、唱吧提供的是什么?就是各类信息共享的平台,在此基础上人与人之间建立了连接,因此才有了社交、互动。正是在这个互相连接的网络中,个体的价值才能被前所未有地放大。Wikipedia 依靠着每个人的力量创造了人类最大的百科全书。微博、公众号让普通人的声音能够发挥更大的价值。信息技术的发展正在逐渐改写着传统行业格局,不能顺应改变的人将会被淘汰。

第6章 未来风向标

其实之前一直在犹豫是否要写这一章,感觉如果没有对未来的展望和讨论(前两章的"互联网＋"毕竟已经作为政府工作报告提上了日程),这本书总缺点什么。但预测可不是什么好差事,很多工业界的领袖在面对如此变幻莫测的信息潮流时,也都选择了不置可否的态度。作为一个工作在象牙塔里的大学教授,即便有一些工业界的参与、合作经验,我也不能未风先雨。所以在这一章里,我所能做的只是把我认为有前景、有创意的公司拿出来给大家分析,希望能给大家一个思考的方向和平台。正如本章标题"风向标"一样,希望这一章的讨论能帮助感兴趣的读者朋友找到适合自己的方向。

6.1 数字营销

提到营销,很多人的第一反应可能就是"广告"一词。问起"广告"的释义,相信大多数人会用"广而告之"四个字来解释,这也反映了传统广告的一

个本质就是广泛地宣传。但在当今新媒体时代,广告的内涵可不仅仅只指
"广"度了。

6.1.1　广告不等于广而告之

随着互联网的发展和智能终端的普及,报纸和电视台等传统媒介已经在
广告业的竞争中显露出了一定的颓势。即便现在央视每年的广告收入仍然
高得惊人并且在持续增长,但不可否认的是众多互联网企业在广告收入上的
增长速度已经不能用惊人来描述了(实际上早在 2012 年,百度公司的广告收
入就已经和央视处在一个量级上了)。放眼全球,Yahoo!、Google、Facebook
等公司甚至被一部分人视作广告公司而不是科技公司。

可以说信息技术的巨大变革已经颠覆了传统广告的运营模式甚至是广
告本身的含义。随着信息技术的发展,广告的运营模式在信息时代已经经历
了三次重要的颠覆。第一次重要的颠覆是随着雅虎等门户网站的成立,人们
突然发现杂志、电视不再有绝对的竞争力了。互联网的覆盖范围更广、门槛
更低,人们花在网上的时间也越来越多。如果说第一次的颠覆是带来了互联
网这一新的竞争者,那么随着 Google 等搜索平台成立的第二次颠覆才真正
带来了全新的广告运营模式。相比于杂志、电视和门户网站上漫无目的的大
规模宣传,针对用户搜索的内容进行广告投放则会有更好的效果。例如,在
Google 上搜索某一个商品,很大程度上代表着你有很强的意愿去购买同类
型的商品。对于大部分企业来说,在潜在客户上花钱显然更合理。第三次重
要的颠覆则是随着移动互联网的发展、Facebook 等社交网站的兴起而出现
的。广告商们再次惊喜地发现——原来还有手机(移动)应用这样的存在能
够无时无刻地吸引着人们的眼球。特别是像 Facebook 这样的社交应用,其
庞大的用户数据使其在内容的传递上更有优势,广告商可以轻松地找到用户

的兴趣所在并进行"主动式"的宣传。目前 Facebook 的广告业务增长势头已经有盖过 Google 的趋势了。

可以看到在短短的十多年间，广告业的运营模式已经发生了三次巨大颠覆。量变产生质变，运营模式上的频繁更迭也将最终导致广告定义上的颠覆。我们不妨总结一下，传统的广告实际上就是花钱买眼球，并没有考虑接触广告的用户是否对自己的产品有需求。例如，曾经的央视标王，无论是最早的孔府宴酒、秦池酒还是后来的茅台酒，它们在新闻联播前后的广告短期内并不会真正增加多少直接购买用户或是让不喝酒的人开始喝酒，但确实让品牌的知名度上了一个台阶。Google 让广告变得更有目的性，让广告商的钱花得更有意义。但在作者看来它还是属于被动型的广告运营模式，因为只有人在有需求时才会去搜索。Facebook 则在兼具目的性的同时让广告商能主动发现那些潜在感兴趣的用户并激发他们的购买欲望，有针对性地（例如，针对不同年龄段、不同兴趣爱好等）来投放个性化的广告。

从上面的分析容易得出，广告的运营模式正在一步一步地走向"精准投放"的概念。而这也在颠覆和扩充着广告的定义，因为广告可能不再是以"广而告之"的"广"字为重了。未来会不会出现"精准告之"之类的词作者不确定，但对于大部分企业尤其是中小企业来说，精准、高效的广告投放才是它们更为关心的。其实精准广告这一需求早就有了，这也是我们为什么在体育频道上看到的大多是体育品牌的广告，但这距离广告商们想要的"精准"还是太远。好消息是随着计算能力的不断提升以及云计算、大数据的发展，已经有公司开始提供精准的广告投放服务了。

6.1.2 精准投放

成立于 2012 年的 AppLovin 就是一家提供精准广告投放服务的初创公

司,并在 2015 年福布斯最具潜力的美国公司排行榜上已高居第八。它到底是如何提供精准广告服务的呢？用该公司自己的话说就是"Use data to engage your customer on mobile",翻译成中文就是"利用数据帮你在移动平台上获得更多用户"。这句话有两个词非常关键,一个是"数据"另一个就是"移动"。"移动"这个词说明该公司也已经看到移动互联网在广告运营模式上带来的颠覆,并将自己的核心业务放在了移动广告上。能紧跟潮流并选择正确的领域对于一个初创公司来说无疑是十分重要的。但仅仅有这些漂亮的口号是不够的,对于一个科技业的初创公司来说,拥有创新性的核心技术才是最重要的。而 AppLovin 的技术创新就落在"数据"一词上。换句话说,该公司是通过分析大量的用户数据,进行智能预测从而实现广告的精准投放、扩大用户群并最终提高公司的销售额。该公司还宣称这一预测甚至是实时的。举一个很简单的例子,如果一位用户刚刚使用智能手机购买了一件衣服,接下来他很有可能会看到某件风格类似的衣服的促销广告。此外,根据分析的数据和预测的结果,AppLovin 也会主动地向用户推送一些用户可能会非常感兴趣的广告信息。

就作者个人而言,我非常希望该公司能有一个十分好的算法来计算推送广告的时机、频率。众所周知,在不恰当的时间出现的广告往往令人深恶痛绝,不然大家也不会对影视节目中大量的植入广告这么反感了。有时候用户的要求很简单,我们只是想在某一时段做该做的事而不被打扰。要知道很多广告本身很有意思,甚至会吸引人们专门去网上搜寻,这足以证明广告本身并不令人讨厌,令人讨厌的只是它们出现的时机和频率。所以,精准投放的概念在这里需要重新定义,理想的精准投放应该是在恰当的时机以恰当的频率出现在恰当的人群中。

成立于 2010 年的 LiveIntent 就在从事这么一件非常有意义的事。这家致力于电子邮件广告投放的公司应用了大数据、机器学习等技术,使得他们的平台能够从一定程度上学习、预测出不同用户阅读不同类型邮件的习惯（包括阅读时间等）。从而实现了广告能在合适的邮件、合适的时间被用户接收并浏览到。机器学习以及更高级的人工智能目前还是更多地出现在研究领域，具体工业界的应用还尚未成熟。因此 LiveIntent 所提供的精准投放的效果还有待确认和提升，但这并不影响它的创意和理念受到更多投资者的青睐。在 2015 年 6 月，LiveIntent 获得 3250 万美元的最新融资。

除此之外，AppLovin 还期望他们投放的广告能够被用户当作感兴趣的内容，而不是生硬甚至是让人感到厌烦的广告。相对于精准投放，这自然是一个更高的境界。然而这一切都需要由大量数据和智能的预测算法来驱动。AppLovin 的创始人兼 CEO Adam Foroughi 曾声称他们每天需要处理 100TB 的数据和 300 亿个广告请求。这也可以解释为什么 AppLovin 公司中开发人员的比重远远大于其他的营销类员工。像这样数据驱动下的精准广告投放将很有可能是广告运营模式的下一个颠覆。

在和广告商的合作中，AppLovin 也充分展现了科技公司的优势。借助自身强大的计算、分析能力，AppLovin 将"支出-收益"的对比情况进行量化。AppLovin 在官网上写道：每投资 1 美元都能从 AppLovin 的服务上获得 5～20 美元的收益。能够提供如此精确的数据对 AppLovin 本身来说也是一种营销、推广。类似的概念还有 CPC（Cost per Click，每次点击付费），也就是广告商只需按照用户的实际点击量对服务商进行付费。由此可见，信息技术的巨大变革给广告业甚至整个营销业都带来巨大冲击，也带来了一个相对较新的行业：数字营销。然而数字营销不仅仅是简单的营销业数字化，它的出现也带来了许多新兴的方向。接下来介绍的这个公司就在数字营销的领域内找到了一个十分有创意的新方向。

6.1.3　新时代的黄页电话本

相信大部分读者应该听说或使用过黄页电话本。这个诞生于 100 多年前的发明在过去很长一段时间内都被认为是企业信息的门户。因为黄页电话本记录的就是企业的地址、电话号码等分类信息。黄页电话本到底有什么用途？它可以帮助人们找到今晚想去的餐馆的联系电话，帮助应聘者找到心仪公司的联系方式甚至在《终结者》电影里帮 T-800 找到未来人类领袖的母亲莎拉·寇娜(Sara Conner)。当然现在你只需要进入 Google 或 Facebook，不到几秒就能得到想要的答案。互联网给用户提供便利的同时也给企业的营销提出更高的要求。过去，企业不会关心自己在电话黄页本里的信息是否是最新的，因为黄页本里的信息仅仅只有电话号码而已，并且信息的更迭实在太过频繁。然而下面这个公司的出现改变了这一切。

在 2014 年 6 月的企业估值中，企业信息同步发布公司 Yext 已经达到了 5.7 亿美元，成功地将一只脚迈入了独角兽俱乐部的大门。相较于其他正在改变着世界的(准)独角兽们，这家公司所从事的企业信息同步服务看起来似乎有点儿微不足道。什么是企业信息同步发布？就是帮助企业在各大门户网站、社交平台、移动应用(如地图应用)上同步更新自己的最新信息。这些被同步的信息包括企业的产品信息、线下地址、联系方式等一切对企业营销有帮助的信息。因此企业信息同步发布的前身可以认为是分类信息查询，一个典型的例子就是之前提到的黄页电话本。借助同步发布服务，企业能够及时地把最新的店铺消息、促销消息告知用户。

随着门户、搜索网站和社交平台的普及，企业可以在上面发布像产品图片、促销信息等越来越多的丰富而个性化的信息。Yext 公司的核心服务 PowerListings 就能帮助企业把这些最新信息的动态及时更新，发布到诸如

Facebook、Apple Maps 等几十个全球范围内流行的移动应用上。这也超越了本地信息的范畴（过去的黄页电话本只包含了本地的企业信息），真正意义上实现了企业的全球化营销。同时，PowerLisings 还能对企业的这些信息提供实施的分析监控，从而一定程度上反映用户的想法。相信很多读者可能会问，这样的信息同步发布到底对企业的业绩影响有多大？根据 Yext 自己给出的数据显示：每月都会有 6％的企业信息发生更改，目前 20％的本地搜索都指向了错误的结果并且 50％的本地搜索都发生在移动端。更为重要的是，消费者会使用多种不同的途径来搜寻企业的相关信息，这就需要企业信息能够在所有的主流平台、应用上保持正确性和一致性。而 Yext 公司也正是非常有远见地看到了这一领域的空缺及潜力，才能发展如此迅速并成功地吸引到千万美元级别的融资，并多次进入福布斯最有前景的公司榜单。

在信息时代经历了多次运营模式上颠覆的广告业将很有可能迎来下一次颠覆。而这次的颠覆将很有可能在 Google 和 Facebook 之间关乎移动广告的激烈竞争和大数据的驱动下发生。这一次的颠覆也许能实现真正意义上的广告重定义，即由广而告之转变为精准告之。AppLovin 等能否在竞争激烈的数字广告业继续领跑我们无法预测，但可以确定的是未来我们看到的广告将更加智能、更加有趣并且更加贴合我们的想法。另外在数字营销这一新兴领域，还有很多值得我们去发掘、探索的未知方向。Yext 公司就给了我们这样一个很好的例子。当人们都理所当然地认为黄页电话本这样的服务会淹没在信息时代的大潮中时，Yext 公司却把它捡起来并借助信息技术的力量成为了信息时代的弄潮儿。这是因为人们对广告、营销的需求其实一直就没变，很多之前时代的产物都能在当下得到更好的发展和应用。如果人们能更多地看到广告、营销的本质，合理应用信息技术，相信一定能找到更多有意思的新方向甚至是再一次的颠覆。

6.2　隐私"卫道士"

如果我们回顾人类历史上的各种发明、创造,可以看到人们对这些新事物的需求大致都是沿着一条相似的路径,也就是从追求功能上的完整到追求性能的强大再到追求安全上的保证。可以说目前互联网已经发展到了让人们开始追求安全的阶段了。

6.2.1　你的账户还好吗

2015 年 11 月 19 日,乌云漏洞报告平台发布了网易邮箱过亿数据泄露的漏洞消息,泄露的数据包括邮箱账号、密码等重要信息。国内科技网站、社交平台等一时间炸开了锅,各路媒体争相报道事件的最新进展。众多网易用户也纷纷表示自己的邮箱有过异常登录的历史记录。其实早在几天前,就有用户表示使用网易邮箱作为账号或绑定的相关服务都无法使用。尤其是一些苹果用户反映绑定了网易邮箱的苹果账户被泄露,导致手机远程被锁无法使用。

网易公司随后发表声明澄清其数据库并没有大规模泄露,只有一小部分由于"撞库"导致("撞库"通常是指攻击者将已经泄露的账户信息用于登录其他服务、网站。由于普通用户并不会使用太多不同的账户密码组合,因此看似简单的"撞库"实际上成功率很高),建议用户定期修改密码并不要使用相同的邮箱绑定不同服务。国家互联网应急中心随后也发布调查报告称确实存在一定程度的数据泄露,但目前无法证明泄露的数据达到上亿。这一事件不禁让人联想到 2011 年年末国内大规模的账户密码泄露事件,包括 CSDN(中国最大的 IT 社区和服务平台)、天涯社区在内的知名网站的数百万用户名和明文密码被黑客发布到了互联网中。四年过去了,网络隐私安全的情况并没有得到太多实质性的改善。

网络隐私安全的恶劣状况并不只在国内出现。Verizon(威瑞森电信)的 2015 年度数据泄露调查报告显示,在所调查的 95 个国家中有 61 个国家上报了问题。在 2014 年总共有 797 970 起安全事件,有 2122 个确认的数据泄露事件。更为直观的数据是,2014 年纽约时报有超过 700 篇和数据泄露相关的文章,而这一数字在一年前还只是 125。

随着互联网的繁荣,越来越多的人们开始使用各种社交平台、云服务等网络服务,网络攻击也逐渐从早期单纯以破坏为目的转向以窃取信息为主要目的。CNCERT(国家互联网应急中心)发布的 2014 年《中国互联网网络安全态势报告》指出,感染木马僵尸的主机数量在逐年下降,然而网站和个人信息泄露却呈高发态势。同时该报告还指出云服务日益成为网络攻击的主要目标。云服务的核心思想之一就是终端资源的虚拟化,从而降低对接入设备在计算、存储等方面的要求,将复杂的工作交给高性能的服务器群。由于大量的数据都储存在云端的服务器中,这些服务器也理所当然地成为了攻击的主要目标。而大数据、数据分析的推广也从一定程度上导致了数据泄露事件的不断发生。人们越来越担心自己云服务或其他账户内的数据资料是否受到威胁,隐私安全也成为互联网进一步发展的潜在阻碍。

不可否认,信息技术的飞速发展,包括像移动互联网、云计算、大数据等服务的逐渐推广和应用,在给人们的生活带来极大便利的同时也给人们的隐私安全带来更大的挑战。于是也出现了一些为保障人们的隐私安全而工作的"卫道士"们,让我们看看它们都在做些什么。

6.2.2　信息时代新身份

在 6.2.1 节我们讨论过，当前网络隐私安全的一个重要威胁来自于数据泄露。从表面上看，云计算、大数据等的发展和应用是导致人们隐私数据受到更多威胁的最主要原因。这是因为云计算这种要求把数据放在"云端"（远端的服务器）的服务就像是把自己的保险柜放在别人家一样，总是让人无法放心。但即便放在自己的家中也很难真正意义上地提高安全系数。事实上很多人都会把自己的贵重物品放在银行的保险柜当中，这是因为银行能够提供更可靠保护、更加完善的身份认证机制。同理，云服务提供商的服务器自然也会比我们自己的计算机或服务器有更高的安全系数、更好的保护措施。因此现在网络隐私安全的每况愈下究其根源是由互联网身份认证、验证机制的脆弱导致的。

而这一需求也导致了网络服务提供商开始寻求更好的身份认证机制服务。来自加州的初创公司 Telesign 就是这个行业的领跑者。这家仅有250 人的公司声称自己为 500 多家公司提供先进的两步验证服务，这其中仅公开的就包括了像 Evernote、Salesforce 等知名公司。两步验证其实就是给以往单一的密码验证再添加一步验证过程，这个过程通常通过手机完成（见图 6-1）。例如，当你需要登录一个账户时，首先你需要输入密码，同时还有验证码。而验证码会在密码输入正确后通过短信

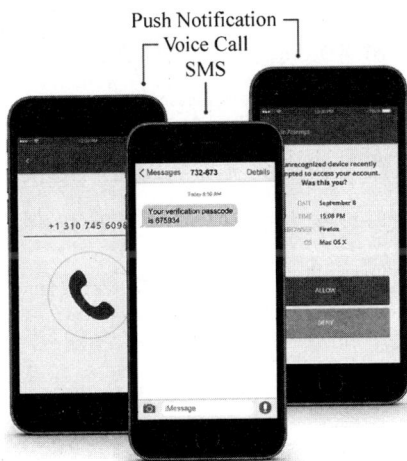

图 6-1　两步验证

或语音电话的方式告诉你。其实我们在生活中已经接触并使用了一些两步验证的服务,例如,当我们使用支付宝等支付时通常会要求我们输入短信收到的验证码。

用 Telesign 公司 CEO 史蒂夫·吉林斯(Steve Jillings)自己的话来说:"有了两步验证,即便用户公开账号密码也不用担心数据泄露了。"这显然是句玩笑话,不然 Telesign 公司也不会积极地开发、寻求收购其他的验证技术了,这其中就很有可能包括一些生物特征识别技术。在这一领域最为大家所熟知的应该就是苹果公司的 Touch ID 了。然而仅仅依靠识别技术的进步并不能解决全部安全问题。互联网的隐蔽性、匿名性给大量的不法分子带来了便利,使得他们更容易实施窃取、欺诈等行为。如何将网络中的身份和实际身份联合起来从而在一定程度上实现对非法用户的检测、排查是一个亟须解决的问题。

Telesign 公司的另一个主要服务 Phone ID & Score 就试图将网络上的身份和实际的电话号码联系起来,并对这个电话号码进行信用评级。互联网的免费和开放特性让越来越多的网站出现了大量的僵尸账号、钓鱼账号。这不仅给网站带来了大量的负面信息,也给其他的用户带来了相应的安全威胁。作者很欣喜地看到现在越来越多的网站、应用都对账户的注册和使用增加了一定的限制,例如,一个手机号只能注册一个账号。虽然这样的限制给垃圾账号的出现增加了一定的难度,但仍然难以彻底根治问题。事实上,网上有专门从事销售各大应用垃圾账号的公司,而且价格也是十分"诱人"。通常 10 000 个垃圾账号的价格都在十几美元左右,最贵的要属 Facebook 和 Google 的账号,由于他们严格使用了两步验证的方式,每一万个账号分别需要 80 美元和 100 美元。因此可以看到,两步验证即绑定电话号码并不是万能的,人们仍能注册大量的僵尸账号,只是相对付出的代价高了一些。对于这样的问题,Telesign 公司的 Phone ID & Score 服务就能够很好地解决。

这项服务旨在为网站、应用提供不同电话号码的信用评级及追踪。当网站收到一个用于注册账号的电话号码时,会把这个号码发给 Telesign 公司。Telesign 公司会全面地分析这个电话号码,根据电信公司提供的数据资料、之前的使用模式以及是否曾用于诈骗等信息给这个电话号码一个综合的信用评分,评分过低的电话号码将无法完成注册。具体的信用评分算法由于涉及商业机密等因素,我们无法得知。但可以肯定的是,将网络上鱼龙混杂的账户和实际的可靠身份联系起来对网络隐私安全的提升有很大的帮助。Telesign 公司试图将电话号码打造成为互联网中的一种可靠身份信息。然而另一家公司 Emailage 则致力于将邮件地址作为互联网中的另一种可靠身份信息,让我们来看看 Emailage 是怎么做的。

在 Emailage 公司的眼中,互联网时代的一个通用的全球身份标识就是邮件地址。该公司就利用对邮件地址的分析、评估为用户提供各种金融欺诈的预防和保护。之所以选择邮件地址是因为在互联网高度发展的今天,电子邮件账户不再仅仅是一个邮件服务的账户,而更是很多其他应用的入口凭证。人们喜欢将自己的电子邮件地址作为自己其他应用的账户名,并常常将电子邮件账户作为其他各种服务的绑定账户和密保账户。

Emailage 公司仅仅通过分析邮件地址就能判断这个用户是否有潜在的交易威胁,特别是与金融欺诈相关的。例如,企业邮箱地址就比公共邮箱地址的可靠性更高。Emailage 也会分析这个邮件地址的使用时间,如果这个地址是在交易前才刚刚创建的,那么该对象就很有可能以欺诈为目的。邮箱地址的命名方式也大有研究,若邮箱地址中带有大量的随机数字也能从某种程度反映该用户的不可确定性。这几个例子都是判断邮箱地址信用的一些因素,Emailage 公司还有很多其他的因素(总共几百种)用于判断。通过机器学习和先进的算法,对大量的因素进行综合评定从而实现最后比较全面、客观的判断。

仅在 2014 年这一年内，Emailage 就通过分析大量交易对象的邮件地址将 200 多万次的交易评定为有风险的交易，成功地帮助 200 多家企业避免了将近 1.5 亿美金的损失。这家公司目前也正在积极研发相关的大数据技术，希望借助来自全球的各种数据提升自己的产品水准。目前这一技术还只用于金融欺诈的检测与预防上面，相信在未来这样的技术也能够应用于其他场景来帮助解决网络隐私安全的更多问题。

介绍到这里，相信读者也会有自己的看法。有的人可能会觉得电话号码更适合在未来的网络生活中作为一种可靠的身份信息，毕竟在中国每一个电话号码都需要经过身份证登记。相比较之下电子邮件这个互联网时代的产物可能就显得不是那么可靠。然而在作者看来，到底是电话号码还是电子邮件地址谁更适合作为互联网下的身份信息并不重要，重要的是我们需要一个类似 Telesign 和 Emailage 所提供的信用评价机制来判断这些身份信息是否可靠。电话号码和邮件地址完全可以相辅相成，给互联网的身份认证机制带来更好的提升。

6.2.3　进攻才是最好的防守

熟悉球类运动的朋友一定对"进攻才是最好的防守"这句话不会陌生。这句话最早出自德国著名军事理论家卡尔·冯·克劳塞维茨（Carl Von Clausewitz）的巨著《战争论》，如今对于一支打法主动、积极的球队，人们总喜欢用这句话去评价他们。事实上这句话不仅可以用在军事战争和竞技体育上，来自美国的安全公司 CrowdStrike 就将这一理念实践在了网络安全的防御上。

CrowdStrike 提出了一个"主动防御"的概念，这个概念并不是说要向攻击者发动反击（这显然也是不合法的），而是相较于传统的被动防御多了主动性的分析和订制化的策略。举个例子，像黑客经常使用的 DDoS 攻击（拒绝服务攻击），其原理就是不断地向服务器发送请求直至服务器的缓存被堆满而不能再接受任何新的请求。若采用传统的防御理念，一个非常简单直接的方法就是让服务器的缓存足够大、处理足够快，让黑客的攻击对服务器没有影响。但问题是总会有更快、更强的攻击方式来攻破现有的防守。这时如果采用主动防御的理念，分析出黑客为什么需要攻击、攻击源来自哪里、黑客希望通过攻击获得什么，再根据这些订制合理的策略就会比一味地增大缓存容量、提高处理速度要有效合理得多。也可以说，"主动防御"就是主动分析攻击源的各种数据，从而制定有针对性的防御措施。

CrowdStrike 的"主动防御"也正是建立在云平台加大数据的分析之上。CrowdStrike 会检测企业的日常数据变化，在受到攻击时会根据主动分析找到这次攻击的一些重要属性，包括攻击的源身份特征、攻击手段、攻击意图、目标等，进而采取灵活的防御措施而不是一些被动的防守，例如，制造一些虚假资源来迷惑攻击者，从而提高他们的攻击成本。对于每次攻击，CrowdStrike 也会学习并分享给其他合作伙伴包括像一些政府机构、司法机构等，实现对攻击者的全面打击。这家成立于 2011 年的年轻公司在 2015 年 7 月的 C 轮融资中已经获得了由 Google 领投的 1 亿美元融资。由此可见，业界对这一理念还是比较看好的。

网络隐私安全在未来的很长一段时间都会是热点话题，尤其是在互联网不断地改变人们的传统生活方式的背景下，与之对应的保障用户隐私安全的技术、服务也必然有着巨大的发展前景。之所以专门介绍这一领域也是希望读者们能意识到当今网络隐私安全存在的威胁并在实际的使用中多加注意和防范。同时本节介绍的这几个公司在身份认证、反恶意软件攻击上都提出了自己非常有创意的想法和技术，也是希望有志于在安全领域做出贡献的读者们能够从中获得启发，开发出更多更好的技术、产品。

6.3 被忽略的"企业级"市场

在第2章中介绍了中国互联网的三驾马车：百度、阿里巴巴和腾讯，也就是大家常说的BAT。这三家公司可以说是当前国内互联网的代表企业，也能从一定程度上反映国内互联网的现状。那么它们反映出来的现状又是什么呢？

6.3.1 互联网的下一个风口

从这三家公司的发家史及核心产品布局可以发现，这三家公司基本都可以认为是非常典型的2C公司（当然现在它们也已经开始在2B领域布局，像阿里巴巴的钉钉就致力于成为2B领域的微信）。2C是英文To Consumer的简写，意为面向消费者提供服务。与之相对应的另一个词是To Business，也就是2B，意为面向企业提供服务，也就是标题中的企业级服务市场。无论是腾讯的微信还是百度的搜索，它们都是直接面向消费者的，而阿里巴巴的淘宝更是在国内乃至全球电子商务C2C领域一枝独秀。毫不夸张地说，国内的面向消费者市场在BAT的带领下已经有了长足的发展，该领域的独角兽公司也变得越来越多。

相比之下面向企业市场领域在这些年受到的关注并不是特别多，然而随着移动互联网、云计算、大数据的普及，大量企业转而开始使用云平台、数据分析、数据挖掘等工具来开展它们的相关业务。这着实给该领域刮来了一阵东风，而借着这股东风人们似乎隐约看到了企业级服务市场的春天。李彦宏在 2014 年的"百度联盟峰会"上就大胆预测企业级软件市场将会迎来爆发，企业级应用结合"新数据"等新技术将在未来加速传统产业变革。无独有偶，雷军也表示移动互联网使企业级市场成为下一个风口。

其实企业级软件、服务的市场向来利润可观，美国大型的传统企业级软件公司都是大家耳熟能详的，像 IBM、甲骨文等公司都有着非常庞大的市值、销售额以及利润。但在中国却没有出现过这样的公司，企业级软件的市场也一直处于空缺的状态。具体的原因很复杂，有人认为是国内软件开发技术落后导致的，有人认为是国内经济体制导致的，也有人认为是国内企业的管理理念不够先进导致的。原因众说纷纭，作者在这里也并不打算花大量笔墨分析其原因，毕竟这已经成为了过去式。当下的情况是，互联网的发展，特别是移动互联网、云计算等的发展已经让很多企业级服务成为了必需品。

互联网改变了人们的生活习惯，自然也在潜移默化地影响着企业的运作方式，因为企业就是由人组成的。企业在不断地尝试借助互联网和信息技术的力量使自己更上一个台阶。一个最好的例证就是现在几乎所有的公司部门、团队都会有一个自己的微信群来进行交流，这在 5 年前都是没有的事情。将微信用到工作上的交流显然是个无奈之举，毕竟现在没有一个特别好的供企业和工作目的使用的即时聊天软件（阿里巴巴的"钉钉"也许会是下一个）。虽然即时通信只是 2B 领域一个很小的分支，但也从侧面反映了当前国内该领域还未出现明显主导者的现状，也许企业级市场这一领域很有可能就会有下一个颠覆者出现。

相较于国内，国外的企业级市场则是方兴未艾。在网上疯传的一组数据是：2014 年美国提供企业级服务的公司获得了全美风险投资总额的 40%，并且在同年美国所有 IPO 项目中，提供企业级服务的公司超过 80%。这组数据的真实性作者尚不清楚，但是作者确实在独角兽俱乐部里看到了更多的企业级服务公司，一些"明星"企业级服务公司也越来越频繁地出现在人们的视线里。要想在国内的企业级市场做出一番事业,我们不妨看看国外的前辈们都在做些什么,都是怎么做的吧!

6.3.2 当红炸仔鸡

看到标题,相信一些对科技领域比较关注的读者朋友应该已经猜到作者想要介绍的公司了——它就是上线才不到两年的企业级协同软件公司Slack。这家公司从诞生之日起就注定不平凡,因为该公司最初根本就不想做一个企业级协同软件。用它的创始人斯特瓦特·巴特菲尔德(Stewart Butterfield)的话说就是他自己也不知道 Slack 这么差劲的产品怎么就火起来了。很多人都会觉得这句话略带炫耀成分,但是了解他之前经历的朋友们就会知道这是句大实话了。斯特瓦特在 Slack 之前还创办了大名鼎鼎的照片分享网站 Flickr,可以算得上是家喻户晓的创业明星了。其实斯特瓦特最初只是想做一个游戏,可是游戏没有火起来,倒是里面的照片发送、分享功能成为了后来的 Flickr。在把 Flickr 卖给雅虎后,斯特瓦特又开始尝试起开发游戏的创业之路。而这一次他还是没能开发出一款大受欢迎的游戏,反而开发游戏时使用的协同软件"歪打正着"成了现在的 Slack。

企业级协同软件 Slack 是什么? 很难用一句话来准确概括它的全部功能,因为它能做的事实在太多了。它是一款即时通信软件,是一个文件分享平台,是各种网络应用的统一客户端。总而言之是一款让企业协同工作更方便、更高效的软件。而这种兼备各种功能于一身的特性甚至让很多人开始将它作为社交平台来使用。

在作者看来,Slack 这样的产品在 2C 风行的中国完全可以称得上是"离经叛道"。毕竟在国内各种"用户至上"、"简约为王"等互联网思维盛行的今天,很难想象有哪个产品经理会开发出像 Slack 这样企图面面俱到的应用。

当然我并不觉得"用户至上"这样的思维有什么不妥，但是这些在 2C 市场屡试不爽的准则在 2B 市场上可能需要稍微变通一下，因为在 2B 市场我们所面对的用户不再是普通的消费级客户而是有着更高要求的企业级客户。普通消费者对于一款产品更在乎的是它的外观设计、易用性以及趣味性等。因此很多功能复杂、强大的产品在 2C 时代被贴上了"反面教材"的标签。原因很简单，普通消费者不会也不愿意使用这些复杂的功能。然而对于企业级市场来说，用户更关注的是产品能否带来实际的效益，例如，是否能够大幅度提升团队协作的效率。这时，像 Slack 这样几乎涵盖了团队协同工作各种功能的应用自然就能在 2B 市场获得巨大的成功。

目前已有几十种流行的应用、工具可以在 Slack 上整合使用。毫无疑问，这极大地提升了人们的工作效率。人们不再需要专门开启 Dropbox 来分享文件，也不再需要专门打开 Gmail 客户端来收发邮件，一切都可以在 Slack 这一个应用中完成。现在的 Slack 不光可以整合大量主流的工具、应用，更是推出了应用商店 App Directory 和开源框架 Botkit 来吸引大量的开发者开发适用于 Slack 的应用。这些在普通消费者看来没什么特别的特性对于企业级用户来说确是"诱惑十足"。而这一切也仅仅花了不到两年的时间。

在这两年的时间里，Slack 成为了史上发展最快的企业级软件。在刚刚上线的两个月里，Slack 便收获了百万级的用户量，并且其中的付费用户更是占到了接近三分之一。在上线仅仅一年的时间里，就完成了 1.6 亿美元的单轮融资，并且估值高达 30 亿美元。现在 Slack 前进的脚步并没有放缓，日均活跃用户量已经达到了 200 万。在 Slack 火起来后，网上出现了很多分析其产品为什么成功的文章，其中总结的原因包括具有趣味性，通过口碑营销等。这些当然是其成功的重要因素，但在作者看来这些都不是最重要的。最重要的两点首先是前面分析的整合性，另外一点则是其从一定程度上打破了互联网的"孤岛效应"。

这里所提的"孤岛效应"是指现在很多的互联网应用都像是一个个孤立的岛屿,只有在同一个岛屿上的人才能进行交流、互通,不同岛屿上的人不具备互通性。一个非常简单的例子,使用微信的用户和使用易信的用户就像在两个不同的孤岛上,他们之间不能相互发送信息。这个导致的结果就是如果大家都想互发信息就必须得统一使用微信或是易信,因为这两个应用并没有使用标准、统一的通信协议。"孤岛效应"和最初互联网的"互联"宗旨是相悖的,但这也是互联网商业化发展带来的必然结果。大公司为了提供更好的服务、吸引更多的用户往往都不会遵从标准的协议,而是选择自己制定、开发的更高效的私有协议来锁住用户。

除了像微信、易信这类即时通信应用外,还有很多的互联网应用都采用了私有协议。像这几年十分火热的个人云存储服务,不同的云提供商使用的都是不同的协议,这也使得不同云服务的用户互相之间不能自由地同步文件。针对这个问题,作者在 2015 年 11 月的第 94 届 IETF(互联网工程任务组,致力于互联网标准协议制定的非赢利性组织)会议上就尝试组建了一个制定云存储同步的标准化协议的工作组。但即便是在 IETF 这样一个标准化组织会议上,我们仍然听到了一些大公司反对的声音。

"孤岛效应"是大公司相互博弈产生的,它对用户体验来说实际是一种牺牲。理想的标准化还有很长一段路需要走,但是 Slack 的出现却能在短期内帮助人们在一定程度上解决"孤岛效应"。借助这个平台强大的集成性,大量不同公司的应用都可以在 Slack 上进行使用。这也就间接实现了不同应用之间的互通性。图 6-2 显示了当前 Slack 平台上可以支持的一些著名应用。

可以说 Slack 的迅速发展要归功于它对企业级市场的准确把握以及对互联网行业现状的需求分析。最近很多新闻都说阿里巴巴将有望联手

Slack，也希望 Slack 的引入能够给国内企业级市场注入一股强心剂。

图 6-2　Slack 支持的著名应用

6.3.3　测试也能众包

我们在第 5 章讨论维基百科时曾提到过众筹的思维，也就是筹集众人的力量来完成一件复杂的工作。这个思想现在已经贯彻在很多地方，例如，2015 年国内票房大卖的好几部电影都是通过众酬的方式来拍摄、运作的。在企业级市场，也能找到它的影子，也就是接下来要介绍的众包测试。

首先来看看什么是软件测试。当企业或团队开发出一款应用软件后，需要对这个软件进行测试以保证用户使用到的版本不会有太大的运行故障和错误。计算机软件不同于传统的商品，它在不同的运行环境、操作系统、网络状况及设备平台上都会有不同程度的差异性表现，这些在开发软件的过程中都是很难顾及到的。如果读者朋友中有应聘过互联网公司的经历应该知道这些公司一般都会有软件测试岗位专门致力于测试开发的应用软件。这样在公司内部进行的测试虽然能起到很好的作用但或多或少都会有一些缺陷。小规模专业的测试人员很难全面地考虑现实中使用的成百上千种不同版本的操作系统，并且长时间从事测试工作也可能会一定程度上固化测试人员的思维，不能很好地从用户角度看待问题。

应用软件测试公司 Applause 正是看到了这一缺陷，提出用众包测试的思维来解决这个各大公司普遍遇到的问题。Applause 公司建立了世界上最大的专业软件测试员社区，也正是依靠着这个社区，Applause 在全世界各地拥有 10 多万名测试人员。他们绝大部分都不是 Applause 的全职测试员工，但这对于任何一款应用软件来说都足够了。当 Applause 需要对某个软件进行测试时，它会将这一任务智能地分配给遍布世界各地的几百名测试员，并根据他们的测试结果给出相应的报酬。除了在测试员数量上有着明显优势外，Applause 提供的另一大优势就是可以让软件在真实的用户、真实的设备上进行测试。相比于公司内部进行的测试，这更有利于公司了解用户的真实需求。Applause 在最新一轮的融资中融到了 4300 万美元，估值也达到 5 亿美元。而 Applause 的客户中更是包含了像 Google、Amazon、Netflix 等大名鼎鼎的科技公司。

企业级市场上有创意和前景的公司还有很多。和这一节介绍的这两个公司类似，它们或是将传统的互联网思维应用到了新的场景中，或是将消费者市场上看似不合理的理念在企业级市场中加以应用。总而言之，在消费者市场日趋饱和的情况下，企业级市场很有可能成为下一个爆发点。如何像这些公司一样在这个颇具潜力的新市场上找到值得努力的方向，或许这正是我们该思考和关注的。

6.4　数据为王

　　相信大家通过前面几节的阅读也发现了，无论我们介绍哪个领域的公司似乎都离不开"云计算"和"大数据"这两个名词。如果说现在传统行业所遇到的颠覆是由互联网思维的推广和移动互联网的普及所导致，那么在作者看来未来 5～10 年的颠覆都可归因于这两个名词所代表的数据革命。

6.4.1　下一个颠覆

　　有关云计算的起源至今仍没有一个非常准确的结论，但可以肯定的是在 2006 年之前，由于网络传输带宽、互联网及其终端普及率等的限制，云计算还仅仅停留在概念层面。到了 2006 年的 3 月，亚马逊推出了其云计算服务 Elastic Compute Cloud（EC2），让使用者可以通过网络连接的方式在其虚拟服务器上完成各种工作。同年 8 月，Google 也正式提出云计算的概念。因此这一年可以算得上是云计算的元年，而在这前后大量基于云计算概念的服务也井喷式地出现。

　　如果说云计算对普通用户来说还有点遥不可及，那么云存储服务则是这几年切实发生在我们身边的事情。像目前在业界领先的个人云存储服务 Dropbox、Box. com 等都是在那段时间出现的。其中，Dropbox 的当前估值更是高达 100 多亿美元，注册的用户数也已经达到了 4 亿之多。在 Dropbox 之后，像微软、Google 这样的大公司也纷纷进入个人云存储的市场，国内也有百度、360 等纷纷推出自己的云盘。

相较于云计算、云存储等服务给消费者、企业的生产、生活带来的改变和便利，它们更大的意义在于使得数据革命成为可能。云计算、云存储等促使企业和个人都把大量的数据放在了云端，也就是网络当中。同时使用这些基于云计算的服务也会产生大量的网络流量数据。仅以 Dropbox 为例，它在 2012 年产生的流量就占到了整个互联网流量的 4%。可以说，云计算是互联网大数据的主要"供应商"之一。同时大数据所需进行的海量数据分析、计算功能又能够很好地通过云计算这种分布式、虚拟化的计算方式完成。也就是说，有了云计算的普及应用和大数据的理念，数据革命才不再是空中楼阁。

那么数据革命给人们带来了什么？其实前面几小节的介绍已经回答了一部分。借助云平台通过对大量数据的挖掘、分析，AppLovin 能提供更加精准的广告投放；Telesign 能够完成合理的电话号码评级；CrowdStrike 能够实现其主动防御的理念。显然数据革命颠覆的不仅仅是这几个领域，它颠覆的可能是未来企业、组织的运行、决策模式甚至是个人的工作、生活方式。

2015 年，来自纽约的实时社交数据挖掘公司 Dataminr 在最新一轮的融资中获得了 1.3 亿美元，估值也达到了 7 亿美元，顺利地成为准独角兽公司。这家和 Twitter 合作的大数据公司的主要服务是为企业、政府或其他组织从社交媒体中获取它们需要的信息。Dataminr 的主打产品之一——Dataminr for News 就旨在为新闻、媒体商提供更快、更及时的新闻来源。Dataminr 会实时分析 Twitter 上的不同推文，经过重重筛选、分析、对比，进而从中找出重要、有价值的新闻提供给新闻工作者。由 Dataminr 提供的新闻通常会比主流媒体的播报要快上几十分钟，这在注重时效性的新闻业无疑是决定性的优势。像 CNN、BBC 等传统新闻媒体已经开始和 Dataminr 进行合作，借助大数据的力量提升自己的新闻业务水平。社交媒体上还有大量其他的数据，Dataminr 也为各大政府机构、企业和组织提供财经、公共信息等相关的数据挖掘、分析服务。

　　上述这些例子相对于整个数据革命带来的价值万亿元的全新大数据产业来说只是冰山一角。各大科技巨头像微软、Google、IBM 等公司都纷纷在云计算、大数据领域发力。纵观国内,BAT 等公司也是不甘落后。最近阿里巴巴更是和国内 30 余所高校合作,计划培养万余名云计算和大数据领域的专业人才。就在这些巨头不断蓄力时,初创大数据公司 Palantir 已经在大数据产业里赚到了自己的第一桶金。

6.4.2　硅谷的超级英雄

　　即便已经成为全球科技公司中估值第四高的公司(目前 Palantir 的估值高达 200 亿美元,仅次于 Uber、小米和 Airbnb),Palantir 这家成立于 2004 年的公司在很多人看来仍然带有些许神秘色彩。而更普遍的情况是大家甚至都不知道这家公司到底在做些什么。如果在百度里搜索这家公司,我们会看到各种各样毫无联系的称号。像"培养初创公司的初创公司"、"情报分析公司",甚至有的文章直接称其为"神秘的大数据公司"。但这些也确确实实都是 Palantir 所能提供的服务。这么看来,Palantir 似乎是一个无所不能的公司,就像超级英雄一样,哪里有难题 Palantir 就负责去解决。

　　Palantir 所能解决的问题到底有多少,这是一个很难回答的问题。Palantir 给自己的定位就是一个问题解决者,因此包括像金融诈骗、灾难应急、执法工作甚至反恐战争都属于 Palantir 所能提供解决方案的范畴之内。除此之外,Palantir 还能为企业级客户提供订制化的解决方案。夸张一点来说,对于一切需要进行决策、判断的问题,Palantir 都可以依靠其数据挖掘、分析的技术来解决。那么让我们来看看 Palantir 到底是如何解决这些问题的吧!

　　以执法工作为例,执法人员常常被侦查工作时所需要的大量数据资料所困扰。因为一个警察局通常只负责一个片区的数据资料,所以这些数据通常都存储在不同的数据库中,也就是存在不同的地点。于是我们常常在影视作品中看到警察们频繁往返于不同的警局之间仅仅是为了获取一些必要的资料。如何在案件发生后以最快的速度获得相关的资料就成为了制约破案效果好坏的一个重要因素。Palantir 的产品 Palantir Law Enforcement 能够让执法人员轻松地在自己的办公室内获取到所有的资料,其提供的搜索功能也能很好地节省查阅资料所需花费的时间。不仅如此,Palantir Law Enforcement 也能帮助警官在犯罪现场做出最佳的判断和决策。仅仅只需要一部智能手机,现场的调查官员就能将自己的调查结果发送至总部并同时搜索自己所需要的相关资料。执法人员还能获取案发地点附近的过往的逮捕记录、救助记录等各种相关资料。

美国的盐湖城警局在使用了 Palantir Law Enforcement 后,办案效率得到了大幅度的提升。其相关数据显示,盐湖城各地分局的警员现在可以在自己办公室内就可以获取到 988 000 份文档、40 000 张罪犯照片、520 000 份调查报告等资料。相较于以往通常需要几天甚至几周才能完成的资料搜索工作,现在一分钟内就能找到结果。据估计 Palantir Law Enforcement 的使用帮助降低了将近 95% 的复杂案件调查时间。

这里所列举的案例还是有据可循的,在其官网上都能找到相关资料。然而关于 Palantir,网上还流传了一些更富神奇色彩的"传说",包括像帮助美国政府逮捕本·拉登、帮助银行家追回巨额资产等。我们无须考虑这些"传说"的真实性,但也必须清楚这其实是从某种程度上告诉我们,数据革命下的云计算、大数据能帮助人们解决以前很多看似天方夜谭的问题。但大数据所引领的数据革命真的就对社会的发展百利而无一害吗?在作者看来大数据还差那么点火候。

作者所指的"差那么点火候"并不是指在数据挖掘技术或是云计算技术

上的不足,而是数据革命可能带来的社会问题以及未来发展的方向。其实作者在 6.2 节就曾提到过,云计算和大数据的发展、普及很大程度上造就了现在网络隐私遭受威胁的恶劣状况。随着数据革命更进一步的发展,越来越多的用户数据将被各种各样的公司用于挖掘、分析。这也解释了为什么 Palantir 在估值一路上涨情况下,批评反对它的声音就没有间断过。虽然很多公司都声称它们的数据分析都是由机器、程序自行完成,整个过程没有人为的干预。但这显然不足以打消人们对自己隐私安全的顾虑。

要想合理地解决这个问题,政府必须能够有配套的第三方监管法规和机构。同时一些致力于阻止用户隐私数据上传的软件也能从一定程度上缓解这方面的问题。借用一句很俗套的话,大数据是一把双刃剑,就看我们怎么去利用它了。另外,大数据现在在企业级的市场应用非常广泛,这也积极地促进了企业级市场的发展。但如果我们换个角度来想,大数据是否可以在未来广泛地应用于消费者市场呢? 个人如同企业一样,每天都有大量的工作去执行,每天也需要面对不同的决策难题。利用大数据提高每个人的生活、工作效率,使人们合理地分析、判断问题,这难道不是一件美妙的事吗?

6.5　下一代终端

如果将便携式笔记本电脑作为第一代智能移动终端,那么到现在智能移动终端无疑已经更迭了好几代。从笔记本电脑到触屏智能手机再到稍厚一些的平板电脑,人们其实很难找到某一合适的标准来解释、推测智能移动终端的演变规律。

6.5.1 从虚拟现实到增强现实

我想很多读者可能都会和我有一样的思考：未来的手机到底会是什么样？是屏幕越来越小？显然不是，否则 Apple 也不会违背乔布斯的意愿(乔布斯曾说过 3.5 英寸是最佳的手机屏幕尺寸)不断增大屏幕尺寸。是越来越便携？事实上发展到今天的移动设备已经很难在便携性上有太大进步，平板电脑和一款超薄的笔记本电脑无论在重量还是体积上都很难让人有太大的区分度。

但即便这些真能实现，这些"未来的"手机似乎也并不是特别有吸引力。这是因为现在的智能移动终端设备仍处在手持设备的范畴内，而手持设备上已经没有太多创新的意义了。一个可以弯曲折叠的手机看上去确实很酷，但人们最后还是得把它拿在手上来完成一系列的操作。终端设备是给用户使用的，如何提高用户好感度是终端设备的关键。可以说多点触控模式的出现已经将手持设备的用户体验提升到了极致，所以下一代的移动智能终端自然得逃离手持设备的束缚才能有更好的提升。就目前看来，可穿戴设备将很有可能就是下一个继任者。

在众多可穿戴设备中，智能头戴设备像智能眼镜、智能头盔等可以说是最具希望的。相比于其他可穿戴设备，智能头戴设备更能"抓住眼球"，这也使其理所当然地成为未来各种设备的"入口"。"抓住眼球"自然需要革命性的显示技术，也正是本节标题所提到的虚拟现实(Virtual Reality，VR)和增强现实(Augmented Reality，AR)。

虚拟现实在近些年可以说是异常火热，我们总是能不断看到各种有关虚拟现实的新闻，像 2014 年 Facebook 收购虚拟现实技术公司 Oculus 的消息。虚拟现实正如其名字所表达的，通过计算机、传感器等技术给使用者营造一个完全虚拟的环境,使用户在完全虚拟的环境中体验"真实"事件。如果看过《三体》的朋友应该会比较熟悉,里面的三体游戏正是通过虚拟现实技术实现。而现实当中,人们离接触到像三体游戏这样的产品也已经不远了,索尼公司的游戏 VR 终端 PS VR 将很有可能在 2016 年 10 月上市,为玩家提供前所未有的游戏体验。除了索尼之外,还有很多大公司都加入了虚拟现实市场的竞争当中,像三星公司的 Gear VR、HTC 的 Vive 以及 Facebook 的 Oculus Rift 等。

国内也有很多厂商推出了自己的 VR 终端,而且腾讯近期也表示将进军VR 市场。这些厂商并没有像索尼一样主推游戏市场的虚拟现实,像三星公司的 Gear VR 则可以通过和手机的相连接为消费者提供全新的移动终端设备,由此可见虚拟现实设备已经具备取代智能手机的部分潜力。与此同时,虚拟现实技术的应用领域也十分广泛,不仅只是在消费娱乐市场。像很多专业机构的模拟训练在未来都可以通过虚拟现实技术实现,包括军队的模拟演练、飞行的模拟训练等。

相较于虚拟现实设备作为下一代智能移动终端,作者更看好的是增强现实这一技术。虚拟现实构造了一个完全虚拟的环境,使用户完全身处这样一个虚拟的环境并进行各种模拟活动。虽然虚拟现实这四个字中包含了"现实"一词,但其实际的应用场景则没有任何真实的部分,我们在虚拟现实中接触到的一切都是虚拟的。而增强现实则是在真实的环境中添加虚拟的事物,旨在让使用者能够在当前所处的真实环境下与虚构的图像、物体等进行交互。因此增强现实可以看作是虚拟和现实的一个混合,也常常被称为混合现实。这样一个以真实环境为基础的虚拟技术更符合人们日常工作生活对智能设备的需求,毕竟人们不能时时刻刻处于虚拟的环境中,要知道智能设备的目的是帮助人们更好地生活而不是取代人们的生活。

其实增强现实这个概念大家很早就接触过了,从漫画中外星人使用的探测眼镜到科幻电影各种令人炫目的隔空操作都借用了增强现实的基本概念。
2012 年面世的谷歌眼镜,虽然其仅有的功能智能手机都能实现,但它对于增
强现实确实是一款具有开创意义的产品。戴上这款眼镜,各种实时信息便展
现在眼前,用户无须动手就能完成拍照、收发短信、查询天气路况等操作。但
经过两年多的发展,谷歌眼镜仍然只是停留在一些开发者和科技爱好者手
中,并未走入大众的生活中。作为增强现实的先头部队,谷歌眼镜曾经承载
过人们扩展现实视野的美好希望,却因其高昂的售价、有限的功能以及对隐
私的潜在入侵等诸多问题而最终没落,没能得到大众的认可。虽然谷歌眼镜
带给了消费者诸多欣喜比如全新的交互方式,但离改变大众行为习惯、取代
智能手机还有些遥远。

可以说增强现实的范围非常广,简单如探测眼镜上显示数值到复杂如对
虚拟物体进行隔空操作都是其范畴之内的。这可能也是增强现实一直不温
不火的原因,高端的东西让人感觉遥不可及,低端的又让人不以为然。然而
这一局面也终于在最近被微软公司的 Hololens 打破,这款微软公司耗费 7
年时间研发的全息眼镜终于让人们离科幻电影又近了一步。

6.5.2　巨大的小屏幕

吴军博士在其《浪潮之巅》一书中曾总结过,微软公司的未来在家庭级影
音娱乐系统上。现在看来,随着 Hololens 的惊艳问世,微软公司似乎又迎来
了新的机遇。那么这次它能否在未来的智能移动终端市场上掀起一番腥风
血雨呢?我不妨来看看微软公司的这款惊艳之作。

图 6-3 就是微软公司这款全息眼镜的使用效果图,可以看到在《少数派
报告》《钢铁侠》等电影中酷炫的隔空操作已经可以由 Hololens 实现了!增
强现实在这里就表现为真实的环境加上虚拟的可操作物体。在图 6-3 所示

的应用场景中,使用者透过半透明的镜片看到的办公室场景就是其真实所处的环境,而那些悬浮在半空中的软件界面、网页等就是虚拟的物体。Hololens 之所以惊艳的最大原因就是使用者可以对这些虚拟的物体进行一系列复杂的操作。你可以触摸、拖曳、放大这些虚拟的物体,就像现在人们使用触屏手机时通常做的那样。然而不同于触屏手机,这些虚拟的物体是全 3D 的。通过 Hololens,使用者可以真正意义上地拉近、旋转甚至拆分这些物体,就像人们真实生活中的行为一样。

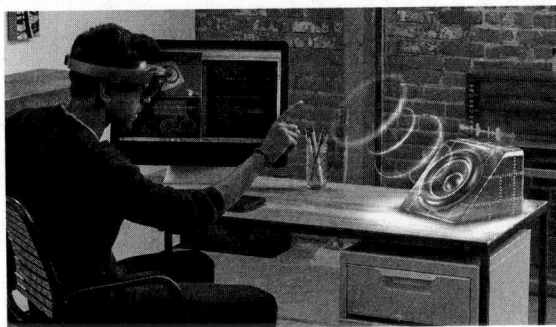

图 6-3　Hololens 使用效果图

能够实现这种革命性的增强现实场景对显示技术有很大的要求,微软公司的全息眼镜 Hololens 顾名思义采用的就是全息投影技术。简单地说,全息投影技术是把虚拟的物体直接投射到使用者的视网膜上让使用者"误以为"是真实存在的物体,而不是非常简单的画面叠加。不得不承认,这款技术确实超出了作者的专业范畴。因此相较于讨论这个技术的原理、优劣等,作者更倾向于探讨这款产品可能会给智能终端市场带来什么样的颠覆。

关于微软公司 Hololens 的发布会有一点我们必须得清楚,那就是它并不是当天发布的唯一产品。微软公司是将其与 Windows 10 一起发布的,这其实也表明了 Hololens 的一个潜在定位:下一代基于 Windows 10 的智能终端。在移动互联网、移动智能终端时代被 Google 甩开的微软公司正是要借助 Hololens 来颠覆现在的 PC 和智能手机。微软公司在 Hololens 的发布会上已经展示了一些 Windows 10 应用在 Hololens 上的使用效果。而且在消费者版本的 Hololens 上市之前微软公司也会提前发售开发者版本，以此吸引更多的开发者能够针对 Hololens 这个平台开发 Windows 10 应用，这一切都是在致力于将 Hololens 打造成一个具备竞争力的移动终端。

微软公司最新的研究成果 Holoportation 就很好地展现了 Hololens 成为下一代终端的潜质。作为 Hololens 的一个应用功能，Holoportation 能够捕捉全息 3D 影像并将其进行传输实现真正的远距离"面对面"交流，至此科幻电影中常常出现的全息投影会议也不再是空中楼阁了。可以预见，具备了通信功能的 Hololens 离真正的移动终端也将不再遥远。Hololens 目前还只是作为微软公司 Windows 10 所支持的众多平台中的一个。但如果增强现实能够在消费者中普及、流行起来，微软公司的这次布局无疑将为它在未来的智能终端市场上占得先机，Windows 也能在未来延续它在 PC 时代的统治力。

当然，现在关于 Hololens 也不乏有批评、质疑之声，包括对使用者的眼睛有害、长时间佩戴会令人不舒服等。在作者看来，这是一定会解决的问题。提到对 Hololens 的批评就不能不提到它的竞争对手 Magic Leap。正是 Magic Leap 的 CEO 公开指出 Hololens 会令使用者感到不适。而 Magic Leap 主打的就是裸眼全息技术，这意味着人们再也不需要全息眼镜这一负担了！

这家致力于增强现实的初创公司成立于 2011 年，截至 2014 年 10 月已经成功融资 5.92 亿美元，总的估值也达到了 20 亿美元。让人感到不可思议的是，就是这样一个受投资者青睐的公司至今仍没有任何一款产品。最近仅在 Magic Leap 放出了几段演示视频后，其在最新一轮的融资中获得了 8.27 亿美元的融资，总的估值也顺利达到了 37 亿美元。而 Magic Leap 到现在也没有发布任何关于其裸眼全息技术的产品信息,甚至连其技术的承载形式人们都不得而知。要知道这个估值比之前在本章介绍的绝大部分的公司都要高。Magic Leap 要做的就是彻底颠覆现在的显示技术,甚至为人们重新定义数字设备。到底 Magic Leap 主推的裸眼全息技术能不能像期望的那样改变世界,相信不久之后我们就能得到答案。

无论是被誉为微软公司近几年巅峰之作的 Hololens,还是不识庐山真面目的 Magic Leap,它们的火热很大程度上反映了人们对下一代智能终端设备的渴望及需求。增强现实是否真的代表未来还不好说,但智能手机等将被淹没在历史的浪潮下却是可以肯定的。

结束语

其实稍做分析、总结便可发现,无论是数字营销、移动广告、隐私安全还是企业级市场,"大数据"和"云计算"几乎贯穿于本章所介绍的各个领域的不同公司。我们需要大数据分析来实现精准投放、主动防御等理念;而像云计算、云平台等更是各种大数据、企业级应用的基础。这也是作者看好"云计算"+"大数据"成为未来的主要原因。人工智能(AI)技术的不断发展,为大数据处理带来了新的思路方式,"大数据"与"人工智能"的结合势必能更好地满足人们的需求,谷歌的 AlphaGo 就是很好的例子。对于人们日常使用的终端设备,全息投影等增强现实技术则代表了下一代移动智能终端的一个可行方向。至于这些"未来"是否真的能够颠覆市场就让我们拭目以待吧!

第7章　身边的故事

　　很多人,尤其是刚刚毕业的大学生,可能认为投身互联网热潮,通过创办公司开辟新领域,继而引领潮流是一件很遥远的事。实则不然,在我们身边,这样的故事每时每刻都在发生。本章作者选取了一些清华大学和北京大学校友的故事与大家分享,希望能够帮助各位在当今时代背景下更好地找到自己的发展方向。

7.1　我有技术我创业

　　俗话说学以致用,在学习到新的知识、掌握新的技术后,更重要的是如何将所学转变成生产力。从学术界应用于产业界,让所有人从科技进步中受益,在实现自己价值的同时,给消费者的生活提供了便利,这是高校毕业生一条可行的创业之路。大部分同学毕业后拿着简历找工作时,也有不少同学选择了创业。本章选取了几个事例,创业者的共同点就是在某些领域掌握了先进的技术,进而利用新技术来创业,在将自己的企业做大的同时,让更多的人成为科技发展的受益者。

7.1.1　Face＋＋——识别你的脸

唐文斌、印奇和杨沐就读于清华大学姚期智实验班。2012 年,为了参加学校的挑战杯比赛,他们和几位同学一起开发了一款游戏——《乌鸦来了》。这是一款体感互动游戏,游戏里会有一些乌鸦从天而降,来偷取食物,而玩家则可以摇晃头部,控制游戏里的稻草人来拦截乌鸦。这款游戏的玩法非常新颖,背后应用的技术原理也非常有创新性。玩家手持带有前置摄像头的设备进行游戏,前置摄像头能够拍摄玩家的身体运动,进而运用人脸识别和人脸追踪等视觉识别算法来判断人物的运动姿势,从而操控游戏中的角色。这款游戏的灵感源于现在很多学生、白领和科研人员等长期伏案工作,颈部缺乏足够的运动,因而需要多进行一些锻炼。最终,《乌鸦来了》获得学校挑战杯科技作品、创业计划比赛的特等奖。

获奖之后,他们决定好好利用这一作品,于是共同成立了旷视科技公司。公司成立后,尽管《乌鸦来了》在 App Store 上下载量表现不俗,但仅有这些并不能让他们满足。正在他们思索公司的未来该如何发展时,2012 年 6 月,以色列一家人脸识别技术公司 face.com 被 Facebook 收购,这次收购让他们意识到,他们所做的人脸技术不仅可以应用在游戏领域。整个人脸识别的市场还处于空白状态,继续深入研究人脸识别技术显然比做好几款游戏更有前景。于是三人决定将重心转回到技术上,继续钻研和深入发展人脸识别技术。

经过一段时间的刻苦钻研,他们推出了他们的产品——Face＋＋。Face＋＋

是目前最新一代云端视觉服务平台,其提供的视觉技术服务主要包括人脸检测、人脸分析和人脸识别等,均达到世界领先水平。其中,人脸检测主要包括人脸检测追踪和人脸关键点检测两个功能。人脸分析不仅能够分析面部表情,还可以分析性别、年龄、种族等其他特征,如图 7-1 所示。人脸识别功能主要包括人脸验证和大规模人脸搜索。Face++专注于为用户提供使用简单,功能强大,最主要是跨平台的视觉服务,广大的 Web 及移动开发者可以通过 Face++提供的在线 API 和离线 SDK 服务,轻松使用最前沿的计算机视觉技术和人脸识别云服务,搭建个性化的视觉应用。

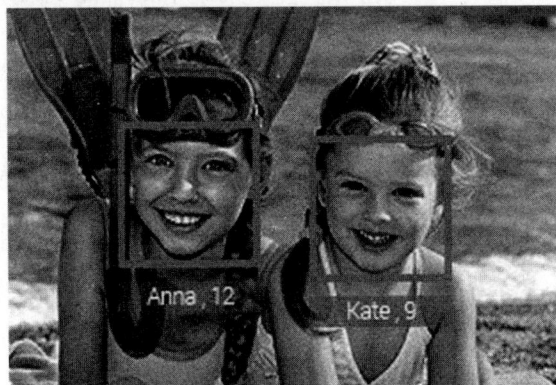

图 7-1　Face++ 根据人脸特征识别年龄

　　Face++作为一个面向开发者和企业级用户的技术服务平台,积累了世界领先的人脸核心技术和大量的人脸数据,为其核心技术引擎的提升提供了源源不断的数据基础。国内某大型搜索公司在其云平台上提供的技术服务仅仅支持三个人脸关键点检测,而 Face++提供的技术服务已经最多可以支持 83 个关键点了,可以说,Face++的技术在国内已经处于绝对领先的地位。就算在全球范围内,Face++的技术也有明显的优势。目前,在世界级技术比赛中,Face++已经摘得多项桂冠。而 Face++的技术,仍然在不断地更新和优化。

事实上，尽管很多人对 Face＋＋还没有深入地了解，但是 Face＋＋的技术已经被很多人在生活中经常使用到。比如美图秀秀这款国内知名的图片处理软件，在进行人像美白、五官美化等处理时，需要在图像中准确定位人脸和五官的位置，这时就用到了 Face＋＋提供的人脸检测和关键点检测技术。Face＋＋的大规模人脸搜索技术也被世纪佳缘网站使用。用户上传一张照片，通过人脸搜索和匹配技术，可以找到与上传照片最相似的异性人脸，在婚恋网站的茫茫人海快速找到中意的那个 TA。在联想公司即将发布的视频通话软件中，也应用到了 Face＋＋的人脸检测技术。届时用户只需对着摄像头简单一笑，就可以登录相应的账号。有了 Face＋＋，玩家现在可以通过脸来玩游戏了。目前已经有了多款像《乌鸦来了》《体感跑酷》等内置 Face＋＋人脸检测、追踪技术的体感交互游戏。这些游戏通过前置摄像头捕捉玩家的头部动作进行游戏操控，让玩家更有身临其境的感觉。不久之前，支付宝继推出扫码付、当面付和指纹付之后，决定继续推出声波支付和人脸支付。其中最令人关注的人脸支付功能，就是使用 Face＋＋团队的技术。截至目前，已经有超过 3 万名开发者使用 Face＋＋的工具，为用户提供了大量的既实用又有趣的 App。

对于未来，Face＋＋会一直作为一个出色的技术提供者存在，Face＋＋将一直优化它们的人脸技术和服务，而且还可能拓展到其他图像领域。在提供平台服务的同时，Face＋＋还将继续推出一些体感操控游戏等产品。目前，Face＋＋已经完成了 2500 万美元的 B 轮融资，融资总金额达到了 4700 万美元。根据报道，全球生物识别市场的规模在今年将达到 150 亿美元，虽然其中 2/3 的市场集中在指纹识别领域，但是面部识别技术也有很大的空间。

相信在未来，Face＋＋会有更大的发展前景，Face＋＋的技术也将为人民的生活提供更多的便利。印奇、唐文斌和杨沐，三个清华的毕业生将自己在学术领域的积累,成功地应用到了产业界,自己事业上取得成功的同时,也让新技术得以应用和发展。

7.1.2　炫我——将技术转化为竞争力

很多人有了技术之后,不知道该如何发挥技术的优势,找不到创业的思路;也有一些人创办了一些技术型企业,最终效益并不理想,苦苦支撑直至关闭。究其原因,只有技术是远远不够的,还需要想办法利用好技术,将技术转化为竞争力。

首先,需要找准一个切入点,没有现实需求和应用价值的技术都是纸上谈兵,有了切入点,也就有了创业的方向。大家在观看 3D 大片时,往往惊叹其逼真的视觉效果和沉浸式的观看体验,而达到这种效果最关键的就是渲染技术。渲染使图像符合 3D 场景,能够体现出和真实世界一样的立体感。而渲染大型的图像场景往往需要大量计算机共同完成。如何调度这些机器,提高机器的使用效率,是一个非常难解决的问题。2009 年,国内动漫影视产业飞速发展,各种特效也越来越逼真,但是国内集群渲染管理软件的发展却仍然非常落后。尽管集群渲染技术已经出现多年,国内也有很多做渲染农场的公司,但是国内依旧没有商用的集群渲染管理软件,渲染农场大部分还是使用国外的软件,而且通常用的还是盗版。大部分渲染农场,都是有一些服务器,通常几百台,然后装上国外的盗版软件,就开始运行工作,这样"粗制滥造"的结果可想而知,渲染技术和服务根本不到位,经常出现服务器无法使用的情况。

看准了国内渲染的现状,三位来自北大计算机系、热爱 3D 大片的技术宅——苟小刚、王刚和陆进笑敏锐地抓住了这个切入点。三位同学都是技术出身,一直做云计算的研究。正好利用这一优势,他们成立了北京炫我科技有限公司(简称炫我),开始开发渲染管理软件。很快,他们的第一代产品上线,使用炫我的产品渲染的游戏和动漫有《兔侠传奇》、《摩尔庄园》等。虽然技术上和服务上做得很好,但是由于市场上盗版横行等原因,软件很难卖出去。到这时,他们的创业还算不上成功。虽然找准了合适的领域,但是并没有找到合理的赢利点,技术不能转化为收益。

经过一番调研,他们发现比较大的电影公司和特效公司通常会买来上百台服务器,搭建一个渲染农场,安装上专业的渲染管理软件,完成公司的渲染需求。而对于一些类似做装修效果图等的小公司来说,虽然也有很强的渲染需求,但是无法负担购买服务器的巨额成本,这些小公司只能去找渲染农场做渲染。这种小单子对渲染农场并没有什么吸引力,既耗时又费力,利润也不高,所以渲染农场并不愿意接这种业务。而目前登记在册的设计师有 100万,渲染的需求是刚性的。这时炫我认识到,这些小的企业用户市场是一片蓝海。

经过思考,炫我的三位创始人决定利用自己的云计算技术背景开始转型到另一块市场——云渲染,从卖软件改为卖服务。渲染软件可以盗版,而国内的渲染云服务仅此一家。相比于卖软件,将技术转化为服务,进而销售服务,以此来获取持续的利润,无疑是一个更加实际的商业模式。2013 年,炫我正式推出了自己的云渲染平台——炫云。炫云是一个公有云平台,主要针对小微用户,使用非常简便。用户在计算机上安装了炫云客户端之后,需要渲染时,只需要在制图软件(如 3dsMax)里单击炫云按钮,炫云客户端便会将用户的模型、贴图、素材等打包上传到云端服务器进行渲染,渲染完成后,炫云会自动将结果存入用户计算机。

利用炫云进行渲染相对于用户自行渲染有很多优势:第一,渲染时用户的计算机不会被占用,可以处理其他事务;第二,炫云的服务器性能要远远强于用户的计算机;第三,炫云有大量的服务器,可以并行对大量图片进行渲染。炫云极大地提高了设计师的工作效率,得到了很好的用户反馈。

前不久,炫我获得了国内影视动画渲染行业的首笔风投,得到了来自挚信资本 170 万美元的 A 轮融资。相信有了炫我这种技术企业的支持,国产影视动漫产业能够更迅速发展。从三位年轻人的创业故事可见,有了核心技术,还需要找到合适的利用领域和赢利点,找到市场或开拓新市场,才能发挥技术的竞争力,让企业立足。

7.2 做不一样的电商

说到电商,人们首先想到的可能是淘宝、京东和唯品会等电商"巨头"。事实上,除了这些巨头,还有很多成功的电商,虽然它们的规模还无法和巨头们相提并论,但是也在市场上占据了一席之地。那么它们成功的秘诀是什么呢?它们靠什么来生存呢?

7.2.1 "美丽说"的精益求精之路

就像武侠小说中一样,称霸江湖的主角通常是十八般武艺样样精通,而能做到这一点的人寥寥无几,事实上,很多时候只是练成一招拿手绝技,就足以在武林立足。电商的江湖也是如此,在淘宝等传统电商已经将市场分割完成的时候,如果想要创业,做一个综合性的传统电商,与淘宝等竞争,无异于以卵击石。这时候,更好的方式可能是选择一个领域做好、做精,让用户在购买这一特定种类的产品时,选择你而不是传统电商,就已经很成功了。

毕业于北京大学的徐易容创办的"美丽说"就是这样一个网站。成立于

2009 年 11 月的美丽说是一家以女性时尚分享为主的导购网站。起初,美丽说采用了社会化电商导购模式。社会化电商导购模式是指在一个垂直的领域内,有相同兴趣爱好的人聚集在一个社区,互相之间可以推荐、评论、分享商品。如果用户想要购买商品,通过点击链接到外部的电商网站进行购买,因此社区的收入主要来自于广告展示和购物点击率的分成。美丽说上线后很快吸引了大批女性用户,其中以 18~35 岁的年轻女性为主。没用多长时间,其移动端的日活跃用户量峰值达到 190 万。

面对这些新兴的电商网站从自己手中抢走市场份额,传统电商巨头当然不会坐视不管,它们采取了一系列竞争措施,使得新兴电商网站面临着前所未有的压力。2012 年年底开始,为了减少从外部导购网站链接进来的流量,淘宝先后出台多项政策,对类似美丽说这种导购网站进行限制和制裁,美丽说的用户经常无法链接到淘宝进行购买。2013 年 9 月,美丽说跳转到淘宝的链接被人为阻断,一夜之间,美丽说的日活跃用户量减少一半,外界一度认为美丽说无法再坚持下去。

显然,再不做出改变,美丽说就要成为历史了。在这最艰难的时期,徐易容果断做出了应对。2013 年 11 月 4 日,他宣布美丽说将向女性快时尚垂直电商转型,并要求团队必须在 14 天内做出一套交易系统。他的团队没有令他失望,18 日,系统被做了出来,美丽说正式对外招商。美丽说招商的标准,最核心的就是流行度。很快,美丽说聚集了一批懂时尚、专注卖流行款的商家,使其对时尚达人们有了更大的吸引力。美丽说顶着巨大的压力,成功转型。

为了将最初的用户转化为长期用户,并吸引更多的用户,2015 年,美丽说提出新的定位——只做正确流行款,专注于款式正确、质量稳定。随着美丽说越做越大,徐易容最担心的是他们离用户越来越远。于是徐易容想出了一个办法,他要求公司从工程师、销售到产品经理、时尚买手,全部的人都要至少和三个普通用户建立并保持联系,定期进行沟通,从而更深入地了解用户,掌握用户流行需求,也为用户提供着装搭配建议。同时,美丽说对商家的商品质量也做出了要求,推出了一套针对商家质量稳定性的评价体系,美丽说会对被买家差评的商家降权,严重的甚至会清除,这一措施保证了美丽说商品质量的稳定性。

专注于一个领域,精益求精,保证质量,做好服务,让美丽说积累了人气,建立了口碑,也有了与传统电商巨头竞争的资本,能够立足并取得持续的发展。

7.2.2 探索电商新模式——"乐货"和"快书包"

和美丽说不同,有些电商在创业之初,并不是专注领域上和传统电商的区分,而是把创新点放在模式上。这其中一个典型的代表就是清华大学校友蔡虎创办的"乐货网"。乐货网是一家会员制网上商城,专注为会员提供最低价格的保真口碑商品。乐货网推出了"Yes 想要"这样一款购物 App,主要面向小时代背景下新生代,提供新型购物方式,是国内首个移动端图片求购社区,是电商模式在 C2B(Consumer to Business,从消费者到商家)领域的一次创新。

"Yes 想要"是一款图片求购应用,在形式上和知乎、Instagram 很像,可以看作知乎的时尚版或者是能购物的 Instagram,是购物领域中一次共享经济和众包模式的尝试,很好地满足了年轻人个性化、碎片化和社交化的移动购物需求。在如今的消费大背景下,越来越强调"懒人经济"、"盲人经济"和"共享经济",用户在看到名人、偶像的着装搭配后,通常会有"求同款"的需求,而"Yes 想要"正是抓住了用户的这一需求,只需要在 App 上发布想要商品的照片或者截图,就会有时尚猎手和热心用户来帮助你找到同款的链接。

同时，用户还可以订阅感兴趣的标签，加入有相同爱好的群组，交流购物经验，分享商品。虽然在 PC 时代的电商王者是淘宝，但是在移动互联网新时代，像"Yes 想要"这种 App 会越来越受到欢迎。随着粉丝数量的增加，势必会对传统电商造成更大的冲击。

所谓收益越大，风险越大，在尝试创新新模式的时候，难免要走一些弯路。2015 年年初，来自北京大学的徐智明公开宣布，自己创办的"快书包"进入出售阶段，原因是"钱都赔光了"。快书包创办于 2010 年，是一家新型的网上书店。与传统网上书店亚马逊、当当等不同，快书包推出全新的"限时送"和"定时送"配送服务。"限时送"重点在提高配送速度，保证在一小时内送达；"定时送"，则满足了用户对配送时间的自由选择权，在用户指定的时间送达。在配送时间更短、更灵活的同时，快书包不收取任何配送费。

这种新型模式看起来是有很吸引力的，而且美国采取类似模式的日常食品杂货购买配送平台 Instacart 已经取得了极大的成功，为什么快书包会在苦苦支撑五年之后只能选择出售呢？我们可以从中学到什么经验和教训呢？

"模式和时间点是有联系的。2010 年我做 1 小时送有点太超前了，所以当先烈了。"虽然没有怀疑过自己的这种模式，但是徐智明还是认为他没有在一个合适的时间点来应用这种模式。在 2010 年，中国的智能手机并没有现在这么普及，快书包整体的运营都是基于 PC，而由于 PC 平台的限制，无法结合地理位置实现高效率的人力配置。其次，选择图书作为主营业务看起来也不是很妥当。虽然客户都希望购买的商品及早送达，但是对于图书这种商品，一小时送达服务并不是一种强烈的需求。像 Instacart 这种主营日常食品杂货的，相当于是帮用户去菜市场买菜，所以需要保证极快的配送速度，而图书一天送达和一小时送达，对于大多数用户，没有特别大的区别。况且，在互联网时代，对纸质图书的需求本来就变得严重缩水，这使得快书包的赢利更少了。

而让徐智明最后悔的一个决定——也是压垮快书包的主要原因,就是自建配送团队。为了保证配送速度,快书包建立了庞大的配送团队,结果全部运营费用的70%～80%都花在了人力成本上。仅仅五年时间,快书包就在人力上赔掉了1500万元,而对用户体验的改进并没有大幅度增加公司的收益,最终整个公司被拖垮了。

对比乐货和快书包,它们都采取了创新的模式。不同的是,乐货顺应了时代的发展,在互联网重心偏向移动端的时候,顺应潮流地推出了移动端的购物分享App。而快书包则超过了时代的发展,现在很多电商也在尝试快速配送的服务,相比2010年,现在无疑是一个更合适的时机。所以,创新要走在时代的前列,但是又不能太超过实际,要引领潮流,但不能甩开消费者。

乐货选择了时尚领域作为主营,而快书包选择了比较传统的图书,而且只卖200多种畅销书。显然,快书包的市场要小得多。在专注这点上,快书包同样是过犹不及。品类过少,导致很多用户在第一次尝试快书包时没有买到需要的图书,不但没有建立稳定的用户群,反而导致了不好的口碑。除非处于垄断地位,否则只卖极少数几种商品,是无法做好做大的。用户群才是决定电商生死的关键,可以选择某一个特定的用户群,但那个用户群的需求一定要足够大。

7.2.3　阳光印网——20亿元的打印店

可能很多人都觉得,在全"民"网购的今天,企业作为主体的网购行为相对来讲并不是十分频繁。其实正如第6章中提到的个人需要在网上采买衣食住行等必需的产品和服务,企业每天也都需要购买各种产品和服务,以维系自身的运营。比如,见客户前需要准备名片、企业画册、商务礼品等;搞个营销活动需要准备场地包装物料、广告用品等。这些物品消费频次高、单次采购量大，正如我们在第 6 章提到的，站在整个企业级市场的层面上来看，这个市场大得惊人，有人说它至少是数万亿级的。毕业于清华大学的李旸就敏锐地发现了市场的这一需求，创办了阳光印网，做一个印刷品和企业订制品的电商平台，用互联网去为企业解决订制品采购的问题，它的模式可以算是企业级采购市场里的一个有代表性的创新。

阳光印网的一个重大创新是它打通了制造厂商与采购企业之间的服务断层。在连接制造厂商和采购企业之间厚厚的服务层上，近些年一般是由所谓的 B2B 网站来担当。但 B2B 网站的本质是“企业黄页＋在线联络沟通”，采购企业只能根据自己的需求，在上面找到每个对应产品的制造厂商进行联络，整个过程效率低下，企业采购的服务依然是断层的。

比如，一些公司可能在全国多地同时进行几百场地推活动，现场需要大量的宣传资料，还有场地布置物料、易拉宝、订制 T 恤、活动礼品等。如果由总部统一制作，再以分发的方式处理这些印刷品和营销物料，不要说物流和仓储成本，光是时效因素就很难把控。可如果将采买制作权力下放各分部、分店也不是个好办法，各地自备物料和印刷品成本、质量参差不齐，成本高、品牌形象的统一性也无从谈起。而且，没有一个活动是用一种物料就能搞定的。要满足多样化物料的需求，不得不同时对接大量不同品类的供应商，采购团队庞大，人力成本高不说，专业性也成问题。这些痛点，不是传统意义上的 B2B 电商可以解决的。

阳光印网的解决方案是利用互联网将企业的整体采购需求拆分成若干个在某一地区的特定需求。拆分后的需求被当地最合适的印刷企业快速接收，并按照其在本地的需求量和货期来生产。比如公司将其计划在 30 个城市同时发放宣传单页的需求提交给阳光印网，阳光印网根据其各地的不同需求量进行订单拆分，并发送给当地最合适的生产商来制作，最后将所有的单页就近配送给这个企业用户在当地的工作人员。相当于企业在阳光印网实现了"最优的一站式"购物。同时，这一需求如果和其他采购企业的需求一样就更好了。这样就可以在同一批次生产，降低成本。

这种思路简单说就是"按需订制、产能共享、就近生产"。互联网作为一种连接工具，将供应链连接起来，通过数据协同实现这一"理想模型"。这一理想模型有很多好处。首先，更符合订单小批量化和品类多样化的生产趋势，包括印刷在内的很多行业，都出现了订单小批量化和品类多样化的趋势，这也是互联网时代的必然。生产柔性化的要求越来越高，愿意承担大笔订单风险的采购者越来越少了。然后，这种模型能够实现企业级市场中的产能共享，将相同地区、相同类型的订单放在一起生产，这也是一种形式的"分享经济"，带来的结果就是价格的降低。最后，就近生产、本地物流是实现低碳与节约的最佳方式之一。目前与阳光印网合作的供应厂商有 4000 多家，遍布全国，2016 年底将发展到一万家。互联网技术可以轻松实现全国供应链的智能调度，让厂商本地柔性化生产成为可能。厂商有了阳光印网的订单后，印刷厂将剩余产能利用起来，解决了产能过剩的问题。更重要的是，就近生产既可以保证本地物流时效，又可以实现低碳和节约物流仓储费用，一举多得。

如今，阳光印网已经服务了将近 85％的互联网企业用户，如阿里巴巴、百度、美团、京东、饿了么、趣分期等。对于这个客户群体，阳光印网并没有费多大的工夫去推广。客户经理只要说明模式，演示好采购系统的使用，很轻松就能达成合作。因为互联网人更容易理解互联网人。此外，越来越多的国企、央企也开始与阳光印网合作。一个全流程不可干预和公开透明企业采购平台，正符合了国家对"阳光采购"的号召。阳光印网已获得包括软银中国在内的多家著名机构的数亿元投资，营业额以每年 8 倍的增速增长，并为自己定下了要在 2016 年达到 20 亿元营业额的目标。在未来，阳光印网将为更多的企业提供印刷品和订制品的采购服务。

7.3　将兴趣做成事业

兴趣爱好人人都有,有人说玩物会丧志,对于不良爱好来讲,确实如此。但是有些兴趣不仅没有害,适当地加以利用,还可能借此成就一番事业。兴趣和工作彻底地融为一体,这实在是人生乐事。

7.3.1　虎扑——做最专业的篮球论坛

程杭毕业于清华大学精密仪器专业,上学期间他就痴迷于各种体育运动,业余时间还关注各类体育赛事,尤其篮球更是他的最爱。从清华大学毕业之后,程杭来到了美国西北大学继续攻读机械工程博士学位。在芝加哥读书期间,他对体育的热爱有了更大的发挥空间。程杭充分利用了自己的业余时间,做起了兼职体育记者。由于地理上的优势,他可以近距离接触公牛队的球员,第一时间获取公牛队的战况,因此写出的体育报道内容也更丰富、时效性更强。他随后将报道投稿于中国体坛周报,得到读者的欢迎。

当了六个多月的兼职体育记者,程杭深切地感受到国内的体育媒体和美国的体育媒体之间存在着巨大的信息不均衡。于是程杭就萌生了最初的创业想法,利用自己在芝加哥能够接触到更多第一手 NBA 资讯的优势,创办一个体育媒体。2003 年他开始筹划建立一个篮球论坛。2004 年,程杭花了260 块钱创办了 hoopCHINA 篮球论坛。

2003 年姚明登陆 NBA,篮球运动在国内掀起了新一轮热潮,大家对 NBA 的关注达到了前所未有的高度。程杭也抓住了这次机遇,每天拿出

2～3个小时翻译和撰写各类 NBA 新闻,不仅回顾当天比赛中的精彩内容,还会涉及各种场外周边信息,然后发布在 hoopCHINA 上。由于其中很多内容在国内并没有媒体报道,所以吸引了大量球迷来 hoopCHINA 看新闻。随着网站中聚集了越来越多的资深球迷,仅仅是赛场和周边新闻已经无法满足需求,网站逐渐增加了球员点评、技术分析、历史故事等多元化的内容,因为论坛能提供高质量的内容,hoopCHINA 在篮球迷群体中口碑极好,这也吸引了更多掌握第一手资讯的重量级人物加入,让 hoopCHINA 相比于传统媒体能够更及时地发布信息。让人印象最深的一次事例是 2006 年 hoopCHINA 第一个挖到了王治郅从美国返回的新闻,而这条新闻正是来源于论坛用户的爆料。

到了 2007 年,hoopCHINA 已然是中国规模最大的体育类垂直网站。为了吸引更多用户,借鉴 hoopCHINA 的模式,程杭又先后创办了专注足球的 GoalHi 和主打赛车运动的 helloF1 两个论坛,希望能够像 hoopCHINA 一样取得成功。这时,程杭已经取得了博士学位,如果留在美国,可以很轻松地赚 10 万美元年薪,过稳定的中产阶级生活。但是他认为,体育对于他已不仅仅是兴趣了,他有信心将其做成一番事业。于是他带着晨兴科技的 100 万美元投资,回国注册了上海雷傲普文化传播有限公司,开始了公司化运营。公司成立后,hoopCHINA 渐渐从篮球论坛转型为门户型网站,不仅覆盖了更多的体育项目类型,也在线下活动、电商和游戏领域做出了探索,更进一步扩大业务范围。2012 年 4 月是一个有重要意义的时间点,hoopCHINA、GoalHi 和 HelloF1 三个论坛不再独立运行,而是全部划归到 hupu.com 的域名之下,并更名为"虎扑"。发展到这一步,虎扑已经具备了一个综合型体育类门户网站的雏形。

作为一个体育论坛网站,虎扑主要的赢利来源就是每天上亿的流量。广告收入占了虎扑年收入的一半还多,剩余的收入则主要来自于电商和游戏。

为了更好地利用以体育迷为主的千万级用户资源,虎扑还做起了垂直电商,主要经营体育用品。2007 年 7 月,交易区在虎扑正式上线,用户可以在交易区发布商品的相关信息来和论坛中的其他用户进行交易,形式有点像早期的eBay。不仅如此,在 2011 年 11 月,虎扑推出了自己的专业运动品牌——GEQ。GEQ 主打专业运动装备,比如背包、护具、紧身衣等,注重高性价比,在提供专业的性能的同时,价格非常亲民。2012 年 6 月,虎扑识货上线,这是虎扑最新的电商平台。为了避免虎扑识货和之前的论坛交易区产生冲突,虎扑识货采取了美丽说最初的模式,汇集整理论坛交易帖中的内容,以导购为主要功能,提升了虎扑用户的购物体验。数据表明,虎扑识货每天有 60 多万的页面浏览量,带来 10 万元的成交额。虎扑也非常重视在游戏端的发展,2012 年,虎扑就发布了第一款自主研发的游戏《虎扑世界》,这一款游戏每月就能给虎扑带来上百万元的收入。

对于未来虎扑的发展,程杭的规划也十分明确,作为体育网站,线下业务占有重要的地位。虽然从 2007 年,虎扑就开始尝试发展自己的线下业务,但当时的主要精力还是集中在一线城市。而现在,还有很多城市没有被互联网覆盖和广告公司挖掘到的商业价值。虎扑已经开始到二三线城市发展业务,例如,2013 年虎扑帮助江苏一个家具企业做邀请赛赞助,利用虎扑的资源邀请了很多篮球明星到场参赛。2013 年虎扑举办的"华丽之旅·世界篮球明星赛"落户宁波慈溪、南宁、晋城、新乡、厦门 5 个城市,在以往的成功经验上挖掘新的运营模式,与当地机构亲密合作达成共赢。2013 年 10 月,阿尔斯通领衔的"2013 华丽之旅·世界篮球巡回嘉年华"落户太原、运城、合肥、肇庆、南宁等 11 个城市。随着虎扑在全国各地组织越来越多的活动,虎扑的影响力逐渐增大,最终导致广告收入的增长。"事实上,虎扑的线下活动已经成为我们和广告主议价时一个重要的资源。"程杭说道。

从程杭创办虎扑的经历可以看出,他从一开始当记者、写新闻的时候,就没有让兴趣停留在爱好的层面，而是用心地加以利用，试图将其做好、做大。创业之后，由于自己是体育迷，很能设身处地地发现体育爱好者的需求，所以虎扑会推出一系列迎合体育迷需求的业务，不管是线上资讯、交易、娱乐也好，还是线下各种比赛、活动，都在服务广大体育爱好者的同时，实现了虎扑的快速发展。

7.3.2 "安的鸡尾酒"的互联网思维

相比于程杭，同样毕业于清华大学的安兴华并没有很早开始自己的创业旅程。安兴华中学时期即获得国际奥林匹克计算机竞赛的铜奖，15 岁保送进入清华大学。从清华大学毕业后，安兴华来到美国留学，之后进入谷歌任谷歌地图技术总监。作为一个技术大牛，安兴华一直对美酒有很大的兴趣。在酒吧和一些聚会上，他发现欧美的女性比较喜欢喝鸡尾酒，这是一种很好的缓解压力、享受浪漫的方式。而在国内，男性通常可以选择白酒、啤酒或者洋酒等，而女性的选择则比较少，缺少一种像鸡尾酒一样好看、并且符合女性口感的酒品。"白酒、啤酒是男人的快乐，我要为妻子、妈妈做适合她们的酒饮。"安兴华说。于是他拜师美国专业调酒师，在旧金山调酒十年，习得美国调酒师三十余年的调酒技艺，然后回国创办了"安的鸡尾酒"（An's cocktail），做面向 25～40 岁轻奢女性的经典和原创鸡尾酒。

如果问鸡尾酒跟互联网有什么关系，可能大部分人认为就是利用互联网来进行宣传和销售，而在安兴华的创业过程中，从市场调研、产品设计，到推广和销售，各个环节都贯彻着互联网思维。他认为互联网思维不是简单的网络营销，网络营销只是把互联网当作销售的一种工具，而互联网思维则是一个贯穿企业运营各个环节的工具，使运营变得更高效。那么他是如何做到的呢？

　　首先，他需要进行市场需求调研，确定鸡尾酒是否有市场需求，目标客户群体有什么样的特征，产品该如何定价等问题。传统的市场调研方式通常是发放问卷或对用户进行访谈，而安兴华很好地利用了互联网这一工具，他找到百度联盟。百度联盟是国内最有竞争力的互联网流量变现服务平台，为各种客户做产品推广。安兴华制作了一个无法真正完成购买行为的测试网站，加入百度联盟，让百度联盟在他的网站上发布广告，通过比较不同广告的点击率，发现鸡尾酒相关广告点击率和购买点击率远高于均值，女性购买者占了七成，购买者主要集中在北上广一线城市，不同价位的购买点击量呈均匀分布。这些数据充分说明鸡尾酒的市场需求是极大的，尤其是在一线城市，女性也确实是消费的主力人群，并且客户并不是一味追求廉价。这也让安兴华确定了鸡尾酒的市场需求足够大，尤其是推出一些针对女性消费者的产品，将会非常受欢迎。

　　明确了需求之后，就要开始设计产品了。这时又遇到了一个问题，产品究竟该采用何种瓶型设计呢？鸡尾酒这种产品的外观是极其重要的，优雅的外观设计能在第一时间吸引消费者的眼球。设计师提供了几种瓶型设计，如何选择呢？安兴华认为，重要的是消费者喜欢哪种瓶型，而不是自己喜欢哪种。而有了互联网的帮助，了解用户的喜好并不是一件难事。他设计了一个微信上的性格测试，将哪种瓶型更美观作为一道题放在了测试中，通过微信好友间的相互转发，仅仅一个小时他们就获取了两万多份答案，而实际上半个小时的时候答案已经收敛，消费者更喜欢哪种瓶型设计他已经知道了（见图 7-2），在三种酒瓶设计中，最终中间的酒瓶因被更多用户喜欢而胜出。

　　在销售的过程中，互联网更是提供了无限大的平台，就看有没有足够的想象力了，而安兴华明显是很有想象力的。首先他在朋友圈推出了颜值抵现金的活动，用户在其页面自拍并转发朋友圈，即可根据用户的颜值给予一定的现金优惠。这一活动在 8 小时内就有 47 万的页面访问量，10 万独立访

图 7-2 植入性格测试的酒瓶设计

客,5 天后取得了 195 万的页面访问量、48 万人品牌触达、转发率 8.5% 的良好成绩,很好地对品牌进行了宣传。为了更好地实现数据驱动营销,他们创办了自己品牌的公众号,经过某次对二次复购人群的回访发现,40% 的用户是买给家人,其中 75% 是买给妈妈,于是公司紧接着推出了感恩节的营销活动——"这个感恩节,我要买给妈妈",这一策略让他们的鸡尾酒在感恩节取得了很棒的销量。

安兴华将鸡尾酒与互联网相结合,大大提高了产品的销量。现在很多公司都在口头上很重视互联网思维,而互联网思维究竟该怎么应用、怎么样结合自己公司的情况进行"落地",切实地为公司创造收益,从安兴华的创业过程中,我们或许会收获一些启示。

7.3.3 玩物不丧志

兴趣大家都有,但是如何才能将兴趣做成事业呢?首先,作为事业发展的兴趣必须有足够多的受众人群,将来才有足够大的市场。过于小众和另类的兴趣,虽然容易独树一帜、没有太多竞争者,但是毕竟受众基数过少,总的市场份额也就那么大,做得再好也很难做大。在这一节里我们一起看一看

"豆瓣"的创始人是如何做到将兴趣、市场与事业紧密地联系在一起的。

毕业于清华大学物理系的杨勃,虽然学的是理工科,但是他却是一个地道的文艺青年。买书、看电影、听音乐和旅行,是他最喜欢的事情。2000 年,杨勃辞掉了硅谷的工作回到北京,对国内互联网发展状况做了一番调研之后,他觉得"水分太多",于是在 2004 年他着手开始创业。最初,他在和身边一些热爱旅游的朋友聊过之后,决心做一个有点非主流的自助旅游网站。他给网站起了一个名字——"驴宗",甚至为网站拟好了商业计划书。但是做了一段时间之后,他发现喜欢自助旅游的人群还是不够大,不足以支撑网站的运营,网站很难找到合适的商业模式,思考之后他决定转型。经过一番调研,他发现这样非主流的网站形式更适合来做电影、音乐等文化类产品,"书和电影自己都很喜欢,而且这里面的价值更大。每年要出几十万本书,没人可能读完所有的书,但是这里面有很多适合你而你自己可能不知道,特别是非畅销书。"基于这样的思考,杨勃脑海中产生了做"豆瓣"的想法,并决心把豆瓣定位于文化领域。

杨勃将豆瓣做成了一个社区网站,网站的主要内容是介绍书籍、电影、音乐等作品的相关信息,包括描述和评论等,但这些内容并不是豆瓣自己生产,而是全部由用户提供。与传统的社区网站不同,豆瓣致力于将品位、表达和交流融为一体。为此网站还推出了图书、电影、音乐推荐功能,线下同城活动,同好小组话题交流等多种服务,让用户更好地发现生活中有趣的事物,并且满足了用户表达和交流的需求。由于豆瓣的内容和形式很符合年轻人的品位,很快豆瓣就吸引了大量教育背景良好的都市青年,其中大部分是白领和大学生,用户数量快速增长,最终取得了很好的发展。

目前来看,豆瓣的赢利渠道包括以下几个方面。

(1) 广告。目前豆瓣已与几百个品牌合作,为它们提供订制化的广告方案。这些品牌横跨旅游、家电、汽车、IT、奢侈品、化妆品、快消品等多个领域。

（2）通过图书电商渠道分成。由于豆瓣最初是从读书起家，因此豆瓣的书评版块有着优秀的口碑和稳固的受众群，它通过向当当、卓越亚马逊等电商导入一定的流量，从而带来一定的分成。

（3）豆瓣阅读的电子书售卖。这些书包含电子版实体图书和个人作品投稿（即自出版作品）两种，售价从 0.99 元到几十元不等。

（4）豆瓣电影在线选座购票。用户可以实时查询全国放映时间表，部分影院已支持直接选座购票。

（5）通过豆瓣 FM 付费版——豆瓣 FM Pro 来收取会员费，其价格是每月 10 元，半年价 50 元。

（6）豆瓣同城票务。由于豆瓣同城上有大量的话剧、演唱会等商业演出信息，豆瓣的活动页面会提供票务链接，通过将用户引导至相关的票务网站实现销售收入分成。

我相信在未来豆瓣还会有更多的赢利模式，也相信杨勃将自己的兴趣与市场相对接并成功创业的故事一定能让你有所收获。

7.4　巾帼不让须眉

前面的一些故事中创业者都是男性，而事实上，在当今信息时代大背景下，女性创业者也是层出不穷，她们利用自身的优势——对女性消费需求的洞悉来切入市场，也做出了一番事业。

7.4.1　蜜芽宝贝——让妈妈们买得放心

刘楠毕业于北京大学，丈夫是外企的一名高管，生下女儿后她做了一段时间的全职妈妈,然后她开了几家卖纸尿裤的淘宝店,这样舒适休闲的中产阶级生活是很多人向往的。做了一段时间,她的淘宝店做到了四皇冠,这时有家公司想要收购她的店铺。刘楠拿不准主意,找到了真格基金的徐小平咨询,徐小平给的建议是不要卖,并给她投资将店铺做大。这也让刘楠陷入更深的纠结——接受投资,选择创业,意味着生活不再平静舒适,而是要经历电商行业的"血雨腥风"。纠结的过程中,徐小平给刘楠发了一封邮件,其中有一句话,"你的一生绝不会碌碌无为"。这句话点醒了刘楠,自己才不到 30岁,不能这么平静地度过一生,如果放弃创业,将来一定会后悔的。于是刘楠拿着徐小平提供的 100 万元开始了创业。

2014 年 3 月,"蜜芽宝贝"网站上线。蜜芽宝贝脱胎于之前专卖纸尿裤的淘宝店,进化为以进口母婴产品为主打的限时特卖商城。蜜芽宝贝提供世界各地高品质的母婴产品,将消费者定位为国内的中高端家庭。网站上线取得了不错的效果,当月销售额就达到了 1000 万元。对于未来,刘楠的规划也十分大胆。她不满足于将蜜芽宝贝做成一家跨境电商平台,也不想单纯地只做母婴产品。她决心将蜜芽宝贝打造成一个面向国内中产家庭的社交电商平台,凡是中产阶级女性需要的都可以卖。现在网络中兴起了一批年轻的中产阶级家庭群体,这些人的消费需求没有完全得到满足,而母婴产品是最容易打动这批用户的,这就是蜜芽宝贝的机会。相信随着蜜芽宝贝品类的扩充,将来势必会改变整个中国的电商格局。

刘楠敢于打破平静安稳的生活,接受创业的挑战,她的决心和勇气超于常人。而且由于自己刚刚做母亲,非常了解中产家庭对母婴产品的需求,这也让她在创业过程中更容易把握消费者需求,选准方向。

7.4.2 世纪佳缘——做严肃的婚恋网站

1992年，龚海燕拿到了保送省重点高中的录取通知书，不幸的是，没过几天她在一起车祸事故中受伤，右腿粉碎性骨折。龚海燕的家庭本来就不富裕，经过这场车祸，更是雪上加霜。读到高二，虽然成绩名列年级第二，但是龚海燕觉得应该帮助家里分担经济压力，辍学挣钱。她先是开了一家学生用品店，后来又去珠海的公司里打工。在公司里，她也充分展现了她的聪明才智，没用多久，她就从一个普通工人变成了公司内部报刊的编辑。虽然挣了一些钱，但是龚海燕心中始终放不下学业。在1996年11月，辍学三年后，她返回高中继续学业，1998年高考，她取得了县文科状元的优异成绩，随之进入北大中文系学习。2002年龚海燕本科毕业，由于成绩优异，她被保送到复旦大学，继续攻读研究生。

读研期间，龚海燕先后两次到婚介交友网站交友征婚，结果却都被欺骗。这两次被骗经历让她萌发了一个念头，她要创办一个严肃的婚恋交友网站。她说做就做，拿出了1000元钱建立了最初的"世纪佳缘"网站（见图7-3）。2004年，她注册成立了上海花千树信息科技有限公司，开始公司化运营世纪佳缘。为了将自己的网站与网上那些全是一夜情、婚外情等不健康交友信息的网站区分开，龚海燕对世纪佳缘实行了会员制。网站要求会员提供真实的

图7-3 龚海燕创办"严肃婚恋网"世纪佳缘

身份证明,并要求会员至少是大专学历。这种严肃、认真、健康的婚恋交友网站很受欢迎,仅仅用了一年多的时间,世纪佳缘就拥有了超过 30 万的注册会员。2007 年,世纪佳缘拿到了徐小平等人 4000 万元的投资。世纪佳缘越做越大,2011 年在美国纳斯达克挂牌上市,并于 2012 年 5 月启动了独立的婚庆网。

然而好景不长,由于婚恋网站竞争激烈,成本居高不下,世纪佳缘的发展进入到了瓶颈期。上市后一年多的时间里,公司的业绩始终不能让人满意。"我感觉自己在世纪佳缘已很难突破自我,已经做到了巅峰。因此,需要放下。"2012 年圣诞节当天,龚海燕表示,已于 24 日主动辞去世纪佳缘 CEO 职务。2015 年,她已经清空全部持股,不再担任世纪佳缘任何管理职务。第一次创业到此为止。

辞职第二天,龚海燕就又一次开始创业,创办了 91 外教网。虽然之后的创业之路十分坎坷,但是从龚海燕的整个人生经历来看,她总是会在失败中奋起,遇到任何困难,她都会坚持,都会想办法解决,所以我相信龚海燕肯定还会再创奇迹。

7.4.3 木瓜移动——做平台的执念

早在高二的时候,沈思受到比尔·盖茨事迹的激励,就萌生了创业的想法。从清华大学毕业之后,她前往斯坦福大学,继续攻读硕士学位。一个偶然的机会,在清华大学校友会上,沈思见到了来自北极光风投基金的邓锋。在得知她想要创业的想法之后,邓锋给她的建议是,如果想创业,最好去一家公司争取一个产品经理的职位,然后边工作边学习。产品经理需要定位一个产品,然后做出产品,还要负责商品的后期推广,做过了这些,就熟悉了整个创业的过程。

听取了邓锋的建议,从斯坦福大学毕业后沈思便进入谷歌任职。2007年,谷歌要创建中国的移动部门,沈思借助这次机会回到国内。这段在谷歌担任移动事业部产品经理的经历,让沈思收获颇丰,最重要的是,让她对移动互联网的未来有了更深入的认识和见解。由于谷歌非常重视"开放"和"平台"的理念,受此影响,沈思也有了做一个平台的野心。2008年,沈思感觉时机已到,在邓锋的支持下,离开谷歌,创办了"木瓜移动"(简称本瓜)。

创业之初,沈思认为做一个平台显然比开发一款应用或者游戏更有价值,因此她想做一个移动互联网上的平台。创业之初,沈思就放眼于国外市场,因为在当时的大环境下,iPhone刚发布不久,安卓则没有问世,移动互联网在国内也是刚刚起步,远远落后于国外。然而木瓜最早做的一款产品Papaya Free由于推广不力,没有收入,只做了几个月,沈思不得不另寻出路。

经过各种思考让沈思意识到,在没有用户量的情况下做平台,无异于痴人说梦。而如何积累用户量呢?沈思认为游戏是一个切入点。通过开发一些游戏积累用户量,然后把用户量积累到社区上,而且游戏更容易赢利,从收入上考虑游戏也是不错的选择。当时,PC端非常流行农场类游戏,而在移动端,还没有出现类似的游戏。沈思看准了这个机会,开发出第一款iPhone上的"木瓜农场"。木瓜农场在App Store上线不久,就取得了上百万的下载量,随后木瓜移动趁热打铁,又相继发布了木瓜鱼、木瓜泡泡龙等一系列游戏,进一步增加了用户数。

随着木瓜的一系列游戏积累了大量用户,木瓜开始向平台化发展,然而这很快引起了苹果公司的警觉,苹果公司绝不允许在iPhone上发展另一个平台。终于,在2009年11月,苹果公司在事先没有通知木瓜移动的情况下,将木瓜移动的全部App下架。木瓜刚刚有了不错的发展,就遭到了苹果公司的封杀,这让沈思受到不小的打击。

苹果公司的封杀意味着木瓜必须做出转变,这时睿智的沈思机敏地发现

了刚刚出现的安卓的未来潜力,于是决定将木瓜转向安卓平台。而安卓平台
开放的特性,也给了沈思实现木瓜的平台梦想的可能。木瓜转向安卓之后,
积极进行游戏之间的互相推广,用户量逐渐增长。这时,木瓜走出了平台化
的最关键一步。2011 年 9 月,这是木瓜发展过程中有标志性的时刻,木瓜宣
布将从自主开发游戏转向扶持第三方开发者,向平台化进行转变。木瓜构造
了一个安卓上的用户社区,用户之间可以互相关注和交流。

　　随着做游戏的公司越来越多,如何推广自己的应用是开发者非常关心的
问题。一直以来,都是开发者付钱给推广者,推广者通过广告给开发者带来
流量,而开发者并不知道推广者的具体推广方式。木瓜移动平台上的开发者
也遇到了相同的问题,他们之间开始交换用户量。沈思看到了开发者之间的
这种需求,她认为这是一个很好的机遇。2012 年 5 月,木瓜推出了 AppFlood
(见图 7-4),AppFlood 是一款免费的 iOS 和安卓交叉推广平台。

图 7-4　AppFlood(木瓜联盟)提供三种交叉推广方式

　　"我们的平台做得特别透明,我今天的这几个下载是从哪儿来的、给我做
了多少展示、转化率是多少,在上面我的多少换了他的多少,或者我花钱去买
的流量,我花的钱值得不值得,或者我给别人的,他是出钱买还是跟我换,中
间到底价值是什么样的,所有的东西很清楚。"沈思认为 AppFlood 的优势就
在于透明。社区游戏运营商 GREE 作为木瓜移动最大的竞争对手之一,他
们也来到 AppFlood 做推广,这无疑是对 AppFlood 最大的肯定。

2016 年 3 月 30 日,为了使公司名称能真实、客观、贴切地反映公司所从事的移动广告业务领域,以及公司现在与未来的发展战略,公司管理层决议将木瓜集团旗下的移动广告产品 AppFlood 变更为"木瓜广告",其英文名称也相应地变更为 Papaya Ads。作为中国领先的全球移动程序化大数据营销广告平台,木瓜广告以大数据分析处理技术为导向,通过高性能的硬件基础设施不断提高公司的接单能力和处理能力。

在程序化交易系统中,木瓜拥有一项美国专利"转化率预测系统",判断流量背后用户转化为下载用户和注册用户的概率。在这样的技术体系支撑下,木瓜广告的 IR(从点击到下载的转化率)和 CTR(从展示曝光到点击的转化率)分别为 25% 和 2.5%,高于行业平均水平。凭借这样的技术支撑,木瓜移动可以通过很低的单价成本,为某一个 App 广告客户每天获取 50 万个全球下载量,高转化率促成海量低成本 App 下载安装,最终为木瓜移动赢得更多的客户。广告方面,木瓜目前主要服务工具类、电商类和游戏类三大类型,客户包括 BAT、360、唯品会、完美世界等中国巨头出海企业以及美国、印度、南非的众多知名企业。流量方面,公司与全球主要的流量源达成顶级合作伙伴关系,包括 Google Adwords、Facebook Exchange、Twitter 等,此外还接入了全球最主流和最个性化的长尾流量。2016 年 5 月 16 日,北京木瓜移动科技股份有限公司正式挂牌新三板,木瓜移动获得了行业以及投资人的认可。

从沈思的整个创业过程来看,她做出了一系列决策都让人眼前一亮,很有远见,能够抓住机遇。随着时代的发展,不断发现新需求推出新服务,木瓜移动始终在改变、在进步。

结束语

本章主要讲了清华大学和北京大学校友创业的故事,他们中有的利用自身的技术来创业;有的投入电商大潮,通过垂直领域上的专注和模式上的创新来立足;有的从兴趣出发,做自己喜欢做的事;还有的利用自己自身对女性消费市场的洞悉来发展事业,并取得了不错的成绩。成功的例子总是能够给人自信和干劲,但是只有满腔的热情对于创业还远远不够。我们看到创业成功者光鲜一面的同时,还必须看到他们背后所背负的压力和付出的努力。面对困难不迟疑退缩,敢于执著坚持,即便失败也不气馁,依然昂头踏上迎接下一次挑战,这也是很多成功者拥有的优秀品质。我们还要看到,择业进入公司同样也能发挥积极主动性,体验另外一种创业的感觉。如今互联网行业飞速发展,无论做出何种选择,不妨问问自己:你准备好了吗?

第 8 章　你准备好了吗

　　在每个人创新与创业的过程中,一定会碰到许多十字路口,面临向左走还是向右走的问题。在实际的工作和生活中,我们所处的环境往往是复杂多变的,我们所要做的选择也多半不会像"是"或"非"、"黑"或"白"那么简单。在大多数情况下,我们需要在多种要素的相互作用中选择最适合自己的解决方案。无论我们选择走什么样的道路,有一些品质需要我们学习培养,这样才能使我们走得更远。

8.1　选择和努力一样重要

　　这是一个最好的时代也是一个最坏的时代,在第 0 章中我们可以从出租车大哥的例子和某电信运营商的例子中看出选择的重要性,一个人物或者公司的成功或许靠的是某种运气,但其实更重要的是其之前的每个分叉路口的选择。这个时代给了我们选择的机会,赋予了我们选择的权力,而选择这种东西并不能靠简单的公式来决定。所以大家要学会在做出决定前用理智、全面衡量各种因素的利弊以及自己的能力和倾向,选择最适合自己的成功之路。

8.1.1 机遇在中国

我于 1995 年进入清华大学计算机系学习,我当时的本科同班同学有 31 人,他们其中很多在毕业之后选择到美国深造,10 年前我们在美国硅谷聚会,最多的时候可以达到 10 个人,但是现在在美国发展的只剩下 2 个人,因为其余的都回国寻找自己的梦想了,他们放弃了在谷歌、Facebook、微软的高薪、股票等种种优厚待遇,选择回到百度、阿里巴巴、腾讯等大型互联网公司或者自己进行创业。由我们班同学的这个例子可以看出中国近几年的发展趋势是十分向好的,中国给人才提供的就业环境也越来越优渥,所以在今天我们要认真考虑,出国发展,究竟还是不是一种最好的选择呢?

中国已经改革开放三十余年,经济上有了飞跃性的发展。在这几十年中,世界经济格局也发生了很大变化,2015 年习近平总书记对英国进行了国事访问,在对习总书记的欢迎仪式上皇家护卫队成员悉数登场,金马队、仪仗队、白金汉宫的豪华欢迎宴,以及女王亲自检查晚宴筹备等细节无不显示英国的诚意和对中国的重视。正是由于中国经济的快速发展,我国的国际地位才得以提高。而这种快速发展给我们个人带来的是更好的发展机遇和更有利的创业环境。

不止从国家层面可以看出我国近些年的发展,从作者在国外经历的一个小例子上,也可以看出中国实力的增强。作者有次在英国一个小镇上迷路了,然后到一个酒馆找了个人问路,当得知作者是中国人时,他表现得很兴奋,他告诉作者,他曾经在中国的华为公司工作过,并且对华为公司做出了很高的评价。这偶然的经历让作者更加清晰地看到:中国的企业在近些年不断地发展壮大,不仅在国内,在国外都树立了一个良好的形象,有了一定的影响力。

此外,在全球的十大互联网公司中,中国企业占据了四位,分别是阿里巴巴、百度、腾讯、京东,虽然现在美国公司仍然是主力,但是如今这个时代风起云涌、瞬息万变,前浪被后浪拍死在沙滩上的事情时有发生,曾经的胶卷大王——柯达就是最好的例子。我们都知道目前苹果公司是世界上开发智能手机最好的公司,也是凭借智能手机等电子产品成为全球最赚钱的公司,但是这个时代的竞争是激烈的,华为P9已经和世界顶级摄影厂莱卡合作,可以为用户提供更好、更专业的拍照体验,像华为这类有创新精神、有自主研发能力的公司,很有可能威胁到苹果公司老大的地位,毕竟诺基亚的前车之鉴已经摆在人们面前。由此可见国内企业的上升潜力是十分巨大的,用敏锐的目光抓住一切机会在国内发展未尝不是一条前途光明的道路。

李克强总理在《政府工作报告》中多次对创业创新做了重要指示,多次提到了利用"互联网＋"进行深化改革,鼓励释放创业创新潜能,着力实施创新驱动发展战略,促进科技与经济深度融合。此外,不止政府层面给人才提供了发展机遇。社会层面上,李开复博士的创新工厂,就是一个全方位的创业平台,旨在培育创新人才和新一代的高科技企业。而诸如徐小平、雷军都是有名的天使投资人,也投资帮助了很多有理想有才华的年轻人,如聚美优品的陈欧、凡客诚品的陈年等。与此同时,我国仍然是一个发展中国家,商业模式等各方面都未定型,贫富差距仍然很大,因此处处充满机遇。如此可见,对于怀揣着才华和梦想的你,国内就是一个绝佳的施展抱负的舞台。

2000年,李彦宏放弃了美国优渥的环境和高薪的职业选择回国创业,创办了百度公司,今天的百度公司已经成为我国互联网企业中的三大巨头之一。而像创建虎扑的程杭、创建"安的鸡尾酒"的安兴华等校友也是放弃了国外的中产阶层生活回国追逐自己的梦想。中国作为未来最蓬勃发展的经济体，为很多有抱负的年轻人提供了无数机会和可能，在这片热土上，不但可以解决"异乡再好，终非故土"的乡思，而且更重要的是这个"互联网＋"的时代让我们的梦想有了实现的机会。所以国内深耕还是国外探险，我们要慎重地做出最适合自己的选择。

8.1.2　创业是一种心态

近些年，随着互联网时代的发展，似乎人人都在创业，火爆的产品此起彼伏，以 O2O 模式卖煎饼的黄太吉，曾经火爆一时的雕爷牛腩都是传统行业利用互联网思维进行创新的案例……但并不是每个人都适合创业。如果你已经准备充足，你可以选择创业，选择挑战。但是在毕业后先选择公司就业，在这个过程中不断学习，积累经验和人脉，等有了足够的积累的时候，再开始创业，也是一条不错的选择。比尔·盖茨曾说过，"如果你正在考虑自己成立一家新公司，你应该首先明确地知道：创办公司需要巨大的精力投入，要冒巨大的风险。我觉得你们不必像我，一开始就创办一家公司。你应该考虑加盟其他公司并在这家公司中学习他们的工作、创业方法。"

如果我们不那么狭隘地理解"创业"的话，"创业"其实就是创建自己的事业，只要有很大自主性的工作都是创业，只有卓别林时代标准化的进行拧螺丝的工作才不是创业。创业是一种心态，在实际的就业过程中，想在工作岗位上有所成绩，尤其是领导一个团队的时候，在面临挑战、解决困难等方面，其实和带领团队创业是非常类似的，从这个角度来讲，就业其实也是创业，都是要面临挑战，不断克服困难，校友王小川就是这样一个例子。

2003 年，在搜狐的王小川迎来自己的第一次重大挑战，搜狐派他组建一个研发中心,负责搜索引擎的开发。为了组建团队他招聘了 12 个兼职人才,其中好几个人来自清华大学的计算机系,兼职员工加上原有的搜狐员工共30 人的团队经过艰苦奋战、重重攻关历经 11 个月搜狗搜索引擎就正式上线。2005 年王小川再次受命组建团队开发搜狗输入法,2006 年搜狗输入法正式上线,搜狗输入法首次使用"互联网词库"大大提高了输入的速度和准确率,获得大量好评,没过多长时间搜狗输入法凭借强大性能和漂亮的外观就赢得 4 亿用户。到了 2010 年搜狗已足够强大,正式从搜狐拆分出来作为独立的公司运营,由王小川担任 CEO。搜狗虽然一直隶属于搜狐旗下,但是王小川一手创办了搜狗,并且在这个过程中所付出的努力、所承担的责任和克服的困难丝毫不亚于传统意义上的创业,所以作者认为只要你在自己的工作岗位能够充分发挥主观能动性而创建自己的事业就是一种创业。

如果你是技术出身,研发出了能让世界变得更好的核心技术,那么你所要做的就是找到合适的利用领域,找准赢利点,然后再进行创业。唐文斌、印奇和杨沐研究出了具有识别人脸功能的 Face＋＋技术,并找到了可以利用这款技术的领域(如游戏、图片处理软件、视频通话软件、相亲网站等),很多既有趣又实用的 App 因为这项技术得以诞生,而他们也是凭借这项技术得到了总金额达到 4700 万美元的融资。

有人因为自己有车开不出去而不痛快,有人因为排了两年队却愣是摇不着号而干着急,其实有抱怨的地方就有商机,PP 租车的张丙军就是这样发现了商机。张丙军在新加坡博士毕业后加入了一家创业公司,后来遇到发展瓶颈,就转身创业了,在 PP 租车之前张丙军已经进行过两次创业,不过均以失败告终。但是这两次的失败为他后来的再一次创业提供了经验教训,并根据这些经验教训确定了自己创业的三大原则:你认可项目的价值、且能搞定、且它是一个很大的事。

不是所有的创业都会成功,但是所有的创业者都要有一种不屈不挠的精神,遇到困难可以持续突破的能力,超强的抗压能力,持续的学习能力,还要有规范的金钱计划,确保在没有固定收入的情况下,自己和家人都可以生活下去。同时你还要获得家人的支持,平衡自己的家庭和事业。最最重要的是热爱,无论是就业还是创业,都要热爱你选择的事情,这样你才有动力和勇气克服一切的困难,做出一番事业。

8.1.3　成熟期还是初创期

本书中提到了众多蓬勃发展的新兴行业,但同时也提到了很多即将走向末路的传统行业的案例,在我们择业的过程中一定要重视公司所在的行业,例如,一些看似风光的老牌、传统企业或许在互联网时代的冲击下已经行将就木。这方面最典型的就是微信等社交软件对传统运营商的冲击,此外我们不但要重视公司所在的行业,还要重视一个公司所处于的发展时期。

美国著名的管理学家伊查克·爱迪思(Ichak Adizes)提出了企业生命周期理论,认为公司的发展需要经过起始期(初创期)、成长期、成熟期和衰退期。百度、阿里巴巴、腾讯都是在第一次互联网大潮中发展壮大,经过多年的发展迈入了成熟期阶段,而像中国移动、中石油、中石化等国有企业,经过十几年的发展,形成了完整严密的企业制度,也是处于发展的成熟期阶段。360起步于 2006 年,京东起步于 2007 年,小米更是晚至 2010 年才发展起来,华为虽说有很强的文化底蕴,但是它真正开始重视互联网领域的发展也不超过5 年,这些公司发展历史不长但是人才济济,并都已形成完整的制度和体系,它们发展速度飞快,迅速完成了从创始期到成长期的跨越,显然现在作为新人进入这些公司,职位上难以有快速的提升,但是如果我们选择一个具有发展潜力的初创公司,在这样的公司很多时候独当一面,从而可以跟随企业快速成长起来。

　　成熟期的公司经过长时间的发展,有丰厚的文化底蕴,企业运营完善而稳定,所以选择成熟期的公司就业,你的工作会较为安稳。成熟期的公司大牛众多、人才济济,你可以快速学习先进的管理经验和更前沿的专业知识。在成熟期的公司中工作,你的平台较大、社会地位也比较高,容易被其他人、其他公司认可,这就是为什么百度、阿里巴巴和腾讯公司跳槽出来的人很受其他互联网公司青睐的原因。

　　但是,大公司也有其不好的一些方面,大公司内部人才济济,你只是企业的一颗小螺丝钉,不容易崭露头角,每个人的升职加薪都有明确的制度规定,因此你的职业生涯也许会很漫长、很辛苦。而如果你选择现在看起来很风光的国有企业,你有可能一辈子都待在相同的岗位上工作,并且因为一时的安逸丧失了奋斗的心。时代变化如此之快,一些看似风光、势头很好的国有企业也有可能走向没落,如果你希望闯荡出一番事业,这或许不是一个很好的选择。

　　而选择初创期的公司,因为公司员工较少,你很多时候都是独当一面,所以这对于你能力的全面提升有很大帮助。在初创期公司,晋升的机会非常多,如果你有能力,也许短时间内就能够升到较高的位置,例如,雷军大学刚毕业加盟金山的时候是金山的第六人,刚过两年就成为金山北京地区总经理,五年后成为公司总经理,堪称少年得志。

　　但是处于创业期的公司,往往尚未形成成熟的公司文化,基础尚不够稳固,所以就职者势必需要承受很大的经营风险。试着想想在门户网站热潮中倒闭了多少小型的门户网站才成就了现在的百度、新浪等?电商大潮中又倒闭了多少的电商网站才成就了现在的淘宝和京东?百团大战中也只有美团、大众点评两家独大存活下来,而其他的O2O公司早已销声匿迹了。所以说就职于初创期的公司失业风险很大。在一个刚起步的公司就职就意味着你需要承担更多的责任,付出更多的辛劳,甚至身体会不断透支,据锤子科技的罗永浩讲,他创业这几年来"头发掉了一半,胆结石大了一倍,体重增加了20%"虽然说法夸张,但是创业公司的辛劳可见一斑。

其实选择初创时期的公司和成长期的公司都各有利弊,但是对于我们个人的成长来讲最重要的是选择一个好老板,据相关数据统计,67%的离职原因是因为老板,很多人把职场上选错老板比喻为嫁错郎。我有个优秀的硕士生,曾跟随我到欧洲和美国开过多场学术会议,作过很多学术报告,还有欧洲很好的实习经历,但是在毕业之后参加工作面试时,老板以质疑的口吻问这些是你的真实经历吗?虽然最后我的这个学生通过了面试,但是他放弃了,因为他认为这个老板会质疑他,说明这个老板自己本身就没有一个很好的视野与眼光,一个人的职业天花板往往是由自己的老板决定的,跟着这样的老板工作,自己的成长空间会受到限制。一个好老板必须有能力、有很好的战略眼光以及识人眼光,能够发掘你的优点,根据你的能力给你指派任务,帮助你更好地成长。古文说,"千里马常有,而伯乐不常有",所以选择一个好老板是至关重要的。

一个人的择业需要考虑多方面的因素,不仅要选择合适的行业、合适的老板,还要选择合适的公司,结合自己自身特长选择公司的合适岗位,只有这样才能将自己的长处发挥到最大,才能使自己在择业过程中立于不败之地。

8.2　成功之道

8.1 节中,作者就如何根据自身的知识背景和特点在事业发展的道路上做出更好选择,做了一些具体的阐述,希望对读者有些启发。但是无论你做出的是哪一种选择,有些品质是你在成功的路上所必备的。李开复博士在

《给大学生的七封信》中也提到,"在 21 世纪里,现代企业最需要的不仅仅是个体上优秀,或只拥有某方面特质的'狭义'的人才,而是能够全面适应 21 世纪竞争需要的,在个人素质、学识和经验、合作与交流、创新与决策等不同方面都拥有足够潜力与修养的'广义'的人才"。所以,在本节作者想谈一谈互联网时代所需要的人才的特质。

8.2.1　创新是万物之源

当马云知道当时大部分的电子商务都是为大企业解决问题,而那些因资金缺乏无法通过广告进行大规模推广的小企业却苦于没有门路销售自己的产品时,就建造了阿里巴巴;当他发现电子商务商家信誉无法保证时,就发明了支付宝。所以创新就是去发现生活中不方便、不合理的地方,然后充分发挥自己的主观能动性去解决问题,当你发现不合理的地方时,就是你机遇的来临之时。

从宏观的角度来看,整个"互联网+"的浪潮就是对互联网的创新应用,这种创新对很多领域都带来了翻天覆地的变化。在这个时代越来越多的公司和企业凭借商业模式以及管理方式等"软实力"上的创新,成功创造了神话。

早期微软利用其操作系统的垄断性捆绑 IE 浏览器打败了网景;百度在最初作为独立搜索服务推出的时候,发布了一个搜索游戏来让用户充分认识到百度的强大与方便,成功占领市场;腾讯针对基于 QQ 聚集来的上亿用户推出了很多边缘服务,从最初的 QQ 秀等个性化服务到现在的 QQ 游戏、QQ 音乐等多领域服务,成功地把用户量转化成了"摇钱树";360 利用免费模式先积累用户然后再通过浏览器等增值服务实现赢利;小米通过互联网思维卖手机,成为发展最快的新兴企业……

　　除了商业模式创新之外,更重要的还有科学技术创新,新的技术确实毫无疑问能给人们带来更高的工作效率以及更好的生活水平,可以说技术改变世界。本书前面章节所描述的企业中有不少拥有自己的独家技术,以支持其立足于竞争激烈的科技企业行列。

　　早期的聚美优品周年大促销,其服务器会因为无法承担巨大的访问量而瘫痪,但是销售额和销售速度是其好多倍的"双十一狂欢节"却能使阿里巴巴平安无事。这得益于在幕后起着强大支撑作用的阿里云。阿里云不仅使阿里巴巴能够轻松应对"双十一"海量数据的处理工作,而且还帮助 12306 网站处理其巨大流量,使春节抢票时网站也能良好地运行;特斯拉(Tesla)作为新能源汽车的代表,其独创的电池管理技术帮助特斯拉实现了上百千米的续航能力与加速能力,形成了绝对的竞争优势;3D 打印技术也凭借本身的独特优势在订制产品领域蓄势待发,一场由互联网掀起的工业风波已经可以预见;由谷歌研发的 AlphaGo 代表着人工智能迈入了一个新的里程碑,相信在不久的将来人工智能会给人们的生活带来新的变化。

　　其实,这也说明,在现在的互联网背景下,商业模式的创新不再独占舞台,那些种种先进的科学技术、计算机技术、计算机算法开始走到聚光灯下,塑造出很多优秀企业。

　　新陈代谢、优胜劣汰可以说是不可违抗的自然规律,那么被人们称为"万物之源"的创新就是那些陈旧过时事物的"终结者"。对新事物的探求是人类的本能,这种好奇的心理不断促使人们去创造更新、更好的新鲜玩意儿来给人们的生活加点儿料。

8.2.2 "选你所爱"与"爱你所选"

　　孔子说:"知之者不如好之者,好之者不如乐之者。"很多人认为兴趣是第一驱动力,确实,一个人在从事或者做自己喜欢的事情时要更加专注、高效,甚至长期坚持也不觉得厌烦。如果这种感情更加强烈一点,就称为热爱,热爱自己从事的领域至关重要,热爱可以带来激情,这会使你充满干劲儿,不知疲倦;热爱可以带来执著,这会使你高度专注,摒除诱惑;热爱会让自己成为一台永动机,内在的强大驱动力驱使着我们冲刺在逐梦的道路上。

李开复博士在自己的书中曾经讲过,如果把孔子这句话翻译成英文就是:"If you find a job you love, you never have to work a day in your life"。这句话道出了"从事自己热爱的工作"的真谛,也就是我们要根据自己的兴趣和爱好来选择自己的工作。

李开复博士本人在最初上大学的时候,想从事法律或政治工作,一年多后才发现自己对它没有兴趣,学习成绩也只在中游。但是却爱上了计算机,每天疯狂地编计算机程序,他大二时做了一个重大的决定:放弃此前一年多在全美前三名的哥伦比亚大学法律系已经修成的学分,转入哥伦比亚大学默默无名的计算机系。虽然在当时很多朋友告诉他改变专业会付出很多代价,但是李开复认为,人生只有一次,不应浪费在没有快乐、没有成就感的领域。若不是那天的决定,今天的李开复就不会拥有在计算机领域所取得的成就,而很可能只是在美国某个小镇上做一个既不成功又不快乐的律师。

但其实你选择了一个你所爱的事情,在成长的过程中也会遇到种种困难和挑战,这个时候你一定要做到"爱你所选",投入激情努力把自己选择的专业或事业做好。高校中的学术研究是一件复杂的具有创新性的工作,在进行项目研究和论文写作的过程中肯定会遇到众多的难点需要攻克,我曾经的一个博士生,博士期间每次选择一个题目进行研究和写作,但是一碰到瓶颈不是选择去克服而是选择了放弃,所以到他毕业,他只有几篇"半成品"的研究成果,这种遇到困难就半途而废的态度也影响了他日后的发展。

这是一个充满诱惑、选择多样化的时代,很多时候我们可能看到别人的事业做得风生水起,于是我们跃跃欲试,也想去分一杯羹,但是我们忽略了,我们可能没有别人多年累积的经验,可能只看到别人的人前风光,却没有看到他的背后艰辛。成功之路绝不是一马平川,无论你做出什么样的选择,都会遇到困难,这个时代需要工匠精神,需要我们在自己所选择的道路上不断深耕细作,坚守本心。

8.2.3　保持一颗学习的心

当我们回顾历史时会发现,新生事物达到 5000 万用户的时间,收音机用了 38 年,电视机用了 13 年,IE 浏览器用了 4 年,Facebook 用了 3 年,而我国的微信只用了 12 个月。新旧事物更迭的速度越来越快,周期越来越短;在这个信息爆炸的时代,新的科技知识和信息量迅猛增加,近 30 年人类生产的信息量已经超过过去 5000 年生产的信息量的总和,而纽约时报一周的内容相当于 18 世纪的人一生的咨询量;互联网加速着这个时代的种种变革,网购成为人们生活的一部分,微信在大部分情况下代替了运营商成为人们每天交流沟通的工具,自媒体人、网红层出不穷,互联网金融蓬勃发展……

牛顿、伽利略时代的博士或许"够深够博",但是瞬息万变的今天他的知识还够广博吗? 用你十年前学到的知识和技术还能应对今天的工作要求吗? 你毕业时所做的择业选择今天还是最好的吗? 时代的巨轮滚滚向前,如果你不学习,不及时更新自己的知识储备,那么你终将会被时代所抛弃。

吴军博士在自己的《大学之路》中提到教育是一辈子的事,人生是场马拉松,拿到一所名牌大学的烫金毕业证书,不过是在马拉松赛跑中得了一个还不错的站位而已,人生——这一所真正的大学——路途才刚刚开始,所以学习应该是终身的,人生路途那么遥远,要不断给自己补充养分才能走得更好。

未来的工作需要跨领域的知识和实践,需要快速进入并掌控新领域的学习能力,更需要跨领域的综合性人才。如果选择创业你不仅要懂得自己的专业知识,还要不断学习新知识,学习如何看懂财务报表,学习提高自己的说服力和演讲能力领导团队,学习营销和运营自己的产品和公司。在这个时代,不懂营销的工程师一定不是一个好的 CEO。

所以马云不仅能当英语老师还能创建阿里巴巴;雷军不仅能开发金山软件还能玩转小米;罗永浩不仅能当英语老师还能开网站,不仅是相声演员还能做锤子科技……这些成功人士人前风光,背后一定付出了很多的努力不断学习进取。李开复博士曾经是一个在人面前说话都会脸红、会恐惧的学生,在做助教时,学生甚至给他起了"开复剧场"的绰号,为了实现自己的理想,他为自己设立了多个提高演讲和沟通技巧的具体目标,不断向人请教,在每次演讲前都会多次练习并请人提出意见并改进,而比尔·盖茨在每次演讲结束后会请撰写演讲稿的人分析一下演讲的不足之处,以便下次改进。

既然学习是一辈子的事,那么我们大学四年的经历和一辈子相比就显得有些渺小了,试问我们在离开大学校园后,那些定理和公式我们还能记得多少? 那些具体的知识点有多少是真的对我们的生活和工作有帮助的? 那么在大学里我们究竟应该怎样学习?

我本人作为清华大学的老师,经常会思考教育的本质是什么。吴军博士是我们清华大学计算机系的优秀毕业生,他在《大学之路》中对计算机系 20年前的教学呈批判的态度。如果说清华大学的计算机系在全国名列前茅,那么其他学校又是什么情况呢? 在信息领域高度发展、知识迅速更迭的今天,我认为作为学生应当着重于个人学习能力、思考能力和创新能力的培养上,教育的本质应该是学生通过对具体知识的学习而培养这些能力。

我本人在学校教授本科"离散数学"这门课程,在课堂上我始终将学生的学习能力和创新能力提升当成第一目标,而"离散数学"本身的知识点只是作为载体,其在能力培养的过程中势必会被学生们自然而然掌握。这样即使同学们在毕业之后会渐渐忘记图论相关的知识，但是学习能力和创新性思考的能力却沉淀下来，伴随着他们的一生。这样的能力对于人才的培养、对于这个瞬息万变的环境才是最重要的。

8.2.4　交往的艺术

人际关系包括在社会交往中的影响力、倾听与沟通的能力，处理冲突的能力、建立关系、合作与协调的能力，说服与影响的能力等，掌握好人际交往的艺术会使自己的工作更加事半功倍，并且中国在某种程度上还是一个关系社会，花高额学费去长江商学院读书的企业家或许是为了知识，但是更重要的或许是为了那些更有价值的人脉。

有些人在人际交往中的影响力是与生俱来的，他们在参加酒会或庆典的时候，只要很短的时间就能和所有人交上朋友。但也有些人并不具备这样的天赋，他们在社交活动中常常比较内向，宁愿一个人躲在角落里也不愿主动与人交谈。前面曾提到过李开复博士是一个性格内向、在人前讲话都会脸红的人。所以为了扩大自己在公司的人际关系网，他为自己定了一个实际的可操作、可衡量的目标："每周和一位有影响力的人吃饭，然后再请这个人介绍一个有影响力的人给自己"，通过这样的一个方法，李开复认识了自己部门雇用的人，扩大了自己的关系网，让自己的工作更加有效率。如果你想工作更加方便、更加高效，或许真的要调整一下自己的内向性格了。

我们都知道韩国是世界上非常注重礼仪的国家，但正是太过注重礼仪、太过注重等级秩序导致韩国曾经是世界上发生坠机事件非常多的一个国家。事故发生的原因常常就是因为事故来临时下级不能及时、明确地向上级反映表达自己的想法和观点，不能很好地反驳上级的决定，最终导致上级的决定失误。

这样的事故可以说是由于沟通不当所带来的严重后果，中国文化和韩国文化有着某种程度的相似,在公众场合都讲究内敛含蓄,要顾及他人的面子,但是在实际与人沟通中,还是希望可以做到开诚布公,敢于说"不",可以清楚地表达出自己的意见和想法。当然,自己表达出的意见都应该是具有建设性的,不要为了批评而批评,争论而争论,而自己也要虚心聆听并接受别人的意见和建议。

当然,学会了说"不"的同时,我们更应该学会表达出建设性的意见。如果双方总是彼此攻击对方意见中的弱点,同时又没有提出建设性的改进建议,那么就必然会将讨论变成一场辩论。要时刻记住:讨论的目的是为了加深双方对某事件的认识以及推动议题的进行。

对于一个集体、一个公司,甚至一个国家,团队精神都是非常关键性的。微软公司在美国以特殊的团队精神著称。像 Windows 2000 这样产品的研发,微软公司有超过 3000 名开发工程师和测试人员参与,写出了 5000 万行代码。没有高度统一的团队精神,没有全部参与者的默契与分工合作,这项工程是根本不可能完成的。而华为的"狼文化"锻造了华为无坚不摧的营销铁军。在华为,销售的口号是"胜则举杯相庆,败则拼死相救",最讨厌个人英雄主义,强调团队协作和集体奋斗。所以没有责任心,不善于合作,不能群体奋斗的人,就等于在华为丧失了进步的机会。

今天我们需要的是"高智商的沟通合作者",因为几乎没有一个项目是一个人可以做出来的,跨领域的项目会越来越多,所以每个人必须和别的领域的人合作,即使你是个天才,如果孤僻、自傲不能和别人很好地交流、沟通、合作,那么你在社会上的价值将会大幅度下降。

8.2.5　以梦为马,莫负韶华

一个有梦想、有勇气的年轻人是所有人都不能轻视的。萌生一个梦想就如同种下一粒种子,它会发芽、它会成长,它无法预知未来世界,也无法预知将会遇到怎样的磨难和挑战,但是它有一个信念,就是一直向上。不知道你还记不记得你的梦想?

如果给梦想选代言人,那么非马云莫属了。一个其貌不扬的南方人高中考了两次,后来因为路遥的《人生》决定上大学,考了三次终于考上了杭州师范大学。当过英语老师,办过翻译社。在 1995 年的时候,发现互联网会改变人类,会改变人类的方方面面,确定了互联网就是自己想做的事业,于是晚上请了 24 个人到自己家里来,表达自己想从学校里辞职,准备做一个互联网公司的想法,他花了两个小时说服这 24 个人,但是两个小时之后,24 个人举手表决,23 个人反对,只有一个人同意。经过一个晚上的思考马云认为即使 24 个人都反对他还是要去追逐自己的梦想,所以他创办了中国黄页。

1999 年阿里巴巴在马云的家中诞生,就是在这样一个艰苦的环境中大家没日没夜地工作,地上放着睡袋,谁累了谁就钻进去睡会儿。我们都听过马云六分钟搞定了孙正义 2000 万美元的传奇故事,但是,实际上阿里巴巴在最痛苦的时候也面临着巨大的资金压力,最为窘迫的时候银行里只有 2000 元钱,但是却不得不忍痛拒绝提出苛刻条件的投资方。

在"非典"时期,员工到广州参加广交会而染上"非典",阿里巴巴在整个杭州"一举成名",人人躲避不及,当时处于研发保密期的淘宝也差点失败。淘宝上线后遭到 eBay 的围追堵截,eBay 和各大主流网站都签署了排他性合同,一旦刊登竞争对手的广告将支付高额的罚款,走投无路的淘宝只能将广告投放在公交站牌、地铁、电梯上。

马云一路走来可以说是历经坎坷和磨难,他曾说过"今天很残酷,明天更残酷,但是后天很美好,绝大多数人死在了明天晚上,所以我们必须要努力面对今天。"正是靠着对梦想的坚持,成就了今天庞大的电商帝国。马云是个不懂 IT 的 IT 英雄,不懂网站的网络精英,正如其所说"梦想还是要有的,万一实现了呢。"

前面曾经讲过雷军在创办小米之前参与了金山软件的创办,并且今天依然是金山软件的董事长和大股东;曾创办过一个名叫卓越网的电子商务网站,成为了今天的亚马逊中国(2004年卓越被亚马逊收购);离开金山后,做了天使投资并且获得不错的业绩,这样的人生对于雷军来讲可以说是功成名就。

但是有一天晚上雷军从梦中醒来问了自己一个问题:"我40岁了,在别人眼里功成名就,已经退休了,还干着人人羡慕的投资,我还有勇气追寻我曾经的梦想吗?"因为雷军认为年纪越大谈梦想越难,当时的自己在别人眼里功成名就,有没有必要去试一把,这一试有可能身败名裂,有可能倾家荡产,自己有必要冒这么大风险去做这么一件艰难的事吗?雷军犹豫了半年,最后觉得这种梦想激励自己一定要去赌一把,只有这样做自己的人生才是圆满的,至少当自己老了的时候,还可以很自豪地说:"我曾经有过梦想,我曾经去试过,哪怕输了",最终下定决心创办了小米。

这样一个梦想其实来源于雷军18岁的一段经历。当时的雷军正是青春年少的时候,他在图书馆看了一本名叫《硅谷之火》的书,书里讲述了20世纪70年代末80年代初那些企业家在硅谷创业的故事。看完书后,雷军的心情久久难以平静,他围着武汉大学的操场一圈一圈地走着,一直在考虑到底怎样塑造一个与众不同的人生,如何能做出改变世界的事。

小米的成功成为了互联网的奇迹,2015年3月23日,雷军登上了美国《时代周刊》,被评为China's phone King——中国手机之王。所以最终雷军在40多岁的时候完成了他18岁的梦想。

梦想不一定就是追逐名和利,或是成为大人物做出改变世界的事,梦想不必伟大,也不必惊天动地。梦想其实就是简单地喜欢一件事,做成一件事。在国内一般码农编程序不会超过5年,很多人会为了更好的薪资待遇等条件转管理岗,但是国外的技术岗很多时候就是一辈子做到老,我们会发现写代码的很多都是白发老者，并且写得很出色。假如我们可以不那么浮躁，不考虑名和利，做一件事就单单是因为自己喜欢，即便是小事也是我们的梦想，那么我们的社会也应该会变得越来越好吧。

星爷有句流传很广泛的台词"人没有梦想和咸鱼有什么两样"，寻找自己一生的志向，相信梦想的力量，或许终有一天你会收获成功。我们同时还要要相信坚持的力量，坚持一天很容易，坚持一年也很容易，但我们是不是能够坚持五年、坚持十年，即使遇到风雨也能坚持下去，人生苦短但是希望每个人都可以以梦为马，莫负韶华。

8.3　蓄势待发

创新不仅仅是新事物的诞生，也是对过去旧事物的颠覆。互联网是 20 世纪最伟大的创新之一，它将人们带入了信息时代。在信息时代，人们有更多的机会展现自我，实现自我的价值、实现自己的梦想。这是一个创业的时代。在这个时代有太多的"草根"逆袭，有太多的海归回国发展。互联网公司已经创造了无数新概念，颠覆了社会经济和生活的方方面面，今天它们已经成为中国互联网的巨头。但现在，众多"草根"们也已经开始发力，开始挑战巨头的权威。

亲爱的读者朋友，阅读到这里我们已经阐述了过去十年、二十年，一代又一代是如何被颠覆的与被创造的。而我相信，就在此时此刻，在中国的沃土之上，就有这样的颠覆性变革正在酝酿中，不仅有商业模式的创新，更重要的是技术方面的变革，也许我们能够及时赶在风暴前夕，参与到"互联网＋"的浪潮之中。

在 2014 年 9 月的夏季达沃斯论坛上,李克强总理提出"大众创业、万众创新"的号召,想要在中国这一片新兴的沃土上掀起一股"互联网+"的新浪潮,形成"人人创新"的新态势。中国已经不像历史课中学习的那样,这一头沉睡的雄狮正在苏醒,注定震惊世界的吼叫正在酝酿。就算为了自己的梦想,也要勇敢地呐喊。所以,你是否已经具有了开阔的"视界"? 在踏上创新与创业的路之前,你准备好了吗!